YOUCAT
Glaubenskurs

Eine Einführung
in 26 Teilen

ihs
יהוה

YOUCAT

Christsein verstehen

Eine Einführung
in 26 Teilen

Inhalt

Die Zeichen und ihre Bedeutung

- Y – Fragen aus dem YOUCAT
- Zitate Heiliger oder Promis
- Zitate aus der Hl. Schrift
- Wissenswertes & Anekdoten
- Fragen aus „Twittern mit Gott“

MOSA

EINLEITUNG GLAUBENSKURS

Glaubenskurs jetzt!

Im Chinesischen, so heißt es, gibt es nur ein Schriftzeichen für „Krise" und „günstige Gelegenheit". Manche sagen: die Katholische Kirche ist in ihrer größten Krise seit 500 Jahren. Was hindert uns daran zu sagen: Die Katholische Kirche hat die günstigste Gelegenheit, sich zu erneuern?

Wie war es bei den ersten Christen? Im Diognetbrief aus dem 2. Jahrhundert lesen wir: „Sie bewohnen ihr jeweiliges Vaterland, aber nur wie fremde Ansässige; sie erfüllen alle Aufgaben eines Bürgers und erdulden alle Lasten wie Fremde; jede Fremde ist für sie Vaterland und jede Heimat ist für sie Fremde. Sie heiraten wie alle und zeugen Kinder, jedoch setzen sie die Neugeborenen nicht aus. Sie haben gemeinsamen Tisch, kein gemeinsames Lager. Sie gehorchen den bestehenden Gesetzen und überbieten durch ihre eigene Lebensweise die Gesetze. ... Sie werden verkannt und verurteilt, sie werden getötet und dadurch gewinnen sie das Leben. ... Was im Leib die Seele ist, das sind in der Menschheit die Christen."

Vor der Kraft der frühen Christen fiel das morsche Milieu der griechischen und römischen Antike in sich zusammen. Innerhalb von wenigen Generationen stellten die Jünger Jesu die gesamte damals bekannte Welt auf den Kopf. Da fragt man sich doch: Wie gewinnen wir katholischen Christen wieder die Ausstrahlung, die wir schon einmal hatten? Worin besteht die „günstige Gelegenheit"? Nehmen wir Maß an den ersten Christen! Was hatten sie, was wir nicht haben? Erstens hatten sie Profil. Zweitens hatten sie Feuer. Drittens hatten sie Mut.

Wie gewinnt man Profil? Durch den Mut zum Unterschied. Gerade empfehlen einige, die Kirche müsse „normaler" werden, von Wundern schweigen, das Herausragende verstecken, die Kanten abschleifen, die Anforderungen herunterschrauben und sich der Welt anpassen. Absurd! Welcher Berater würde Mercedes empfehlen, normalere Autos zu bauen, den technischen Vorsprung zu ignorieren und sich Dacia zum Vorbild zu nehmen.

Die ersten Christen hatten den Mut zum *anspruchsvollen Unterschied*. Sie waren leidenschaftlich daran interessiert, ihren Glauben kennenzulernen. Das entfernte sie ein Stück weit von ihren Zeitgenossen. Man tuschelte über sie, sagte ihnen böse Dinge nach, verfolgte sie sogar, um sich am Schluss doch zum „neuen Weg" zu bekehren. Was überzeugte, war die standfeste Identität der ersten Christen. Diese hielten ihren Glauben nicht für eine schöne Hypothese, die man bei Gelegenheit durch eine passendere ersetzt. Sie hielten sie für wahr. Und ließen sich notfalls dafür den Löwen vorwerfen.

Das „Profilbuch" der Katholischen Kirche ist der Katechismus – der große KKK, aber auch der YOUCAT, der in ein verständlicheres Format übersetzt. Weil der Katechismus keine falschen Kompromisse macht und klar den gemeinsamen Glauben der Kirche benennt, mögen ihn die Strategen kirchlichen Umbaus nicht. Bischof Stefan Oster zog ihren

Unmut auf sich, als er ankündigte, als Bischof für die Integrität des Glaubens kämpfen zu wollen. So halte er beispielsweise die Inhalte des Katechismus für wahr, „... im Grunde alle – und zwar aus theologischer und philosophischer Überzeugung heraus".

Viele Katholiken merken: Jetzt ist es an der Zeit, Profil und eine klare Identität als katholischer Christ zu gewinnen!

- Der „Glaubenskurs – Christsein verstehen" ist für alle, die Sehnsucht haben nach der Schönheit und Leuchtkraft des Evangeliums.
- Der Verfasser hat versucht, zentrale Punkte des Glaubens so spannend wie einen guten Film zu erzählen.
- Neben der Erzählung finden sich YOUCAT-Fragen (mit einem Y angegeben) – wie Treppenstufen in die Tiefe des Glaubens. Man kann sie gehen oder es bei der Lektüre des Buches belassen.
- Den Glaubenskurs kann man allein machen. Besser ist es, sich mit Freunden, Nachbarn, Leuten aus der Gemeinde zusammenzutun. Überzeugungen gewinnt man nämlich am besten im Dialog, in einer sogenannten Study Group.
- Wie man eine Study Group organisiert und sich kostenlos den YOUCAT Study Guide auf sein Smartphone lädt, sieht man auf Seite 170 dieses Buchs.

PS: Natürlich gibt es noch viel mehr zu fragen, was sich nicht aus dem Katechismus ergibt. YOUCAT ergänzt sich gut mit konkreten Fragen, die Jugendliche an Father Michel Remery von **„Twittern mit GOTT"** stellten. Einzelne Fragen finden sich auch in diesem Buch. Sie sind durch ein gekennzeichnet. Mehr zu dieser tollen Initiative siehe Seite 180.

EINHEIT 1 GLAUBENSKURS

Was wissen wir von Gott?

HIER GEHT ES UM

die Frage, wie Menschen überhaupt auf die verrückte Idee kommen, es könnte außer Steinen, Tieren, Pflanzen und ihnen selbst noch etwas Außerterrestrisches geben, mit dem man sich verständigen sollte.

Frage 41: Macht die Naturwissenschaft den Schöpfer überflüssig?

So fragte etwa der Philosoph **F.W.J. Schelling** (1775–1854): „Warum ist nicht nichts, warum ist überhaupt etwas?“

Frage 23: Gibt es einen Widerspruch zwischen Glaube und Naturwissenschaft?

Frage 355: Was bedeutet „Du sollst keine anderen Götter neben mir haben!“?

Die Menschen waren immer schon „religiös“; wahrscheinlich gibt es kein einziges Volk und keine einzige Kultur, in der nicht etwas Göttliches, ein oder gleich mehrere Götter verehrt wurden. „Warum gibt es überhaupt etwas und nicht vielmehr nichts?“ – lautet bis heute auch die erste Frage der Philosophie. Die Antworten, die darauf gegeben werden, ähneln sich; die meisten sagen: Man kann die Wirklichkeit nicht ohne Gott denken. Daran ändern auch die Erkenntnisse der modernen Naturwissenschaft (etwa über Urknall, Zufall und Notwendigkeit, die Entstehung und Entwicklung menschlichen Lebens) nichts Grundsätzliches.

Schon die frühen Zeugnisse der Religion sind Zeichen voll Ehrfurcht, Schönheit, Dankbarkeit; man streute dem Schöpfer und Erhalter der Welt Blumen, ließ edle Düfte zu ihm aufsteigen und errichtete dem geheimnisvollen *Urheber von allem* prachtvolle Tempel. Machtvoll und stark war das Göttliche auf jeden Fall. Aber war es auch *gut?* Das Leben brachte doch Glück und Unglück in bunter Mischung. So waren die Gottesvorstellungen der Alten oft auch durchwirkt mit Angst: Wenn das Göttliche es nun *böse* mit mir meint? Die Menschen spürten, dass sie ihr Leben nicht selbst hergestellt hatten und dass dieses Leben wie eine Kerze im Wind war. Jeden Moment konnte es erlöschen und es war

» Mich hat noch keine wissenschaftliche Entdeckung vom Glauben weggebracht. Alles, was ich aus wissenschaftlichen Erkenntnissen gelernt habe, hat mich nur tiefer in das Staunen und in die Dankbarkeit gegenüber meinem Schöpfer geführt.

Christoph Kardinal Schönborn (*1945) Erzbischof von Wien

vielfältig bedroht. Sie konnten das Wetter nicht beeinflussen und nicht die Fruchtbarkeit ihrer Böden. Und wo gingen die Toten hin? Die Menschen fühlten sich in der Hand höherer Mächte. Oft versuchten sie diese durch Opfer zu beeinflussen; sie sagten sich: Wenn wir Gott das Beste geben, was wir haben, dann wird er uns begünstigen. Und so opferten sie Gott (oder den Göttern) Früchte, Tiere, ja sogar Menschen – ein Geschäft, das auf Gegenseitigkeit angelegt war.

Das Volk Israel hatte offenkundig einen besonderen Instinkt für die göttlichen Dinge. Wenn wir das Alte Testament lesen, nehmen wir teil an einer musterhaften *Lerngeschichte über Gott.* Wir sehen, wie Israel Abschied nimmt von der Vielgötterei des alten Orients. Gott kann nur einer sein.

Y **Frage 30:** Warum glauben wir an nur einen Gott?

Sonne, Mond und Sterne, die von den Nachbarvölkern noch als Götter verehrt werden, werden in der Bibel als Lampen am Himmel verspottet. Abraham lernt, dass dieser eine Gott ansprechbar ist. Und er lernt, dass dieser Gott keine Menschenopfer will. In den Psalmen heißt es: „Schlachtopfer willst du nicht, ich würde sie geben, an Brandopfern hast du kein Gefallen." (Ps 51,18) Was Gott aber offenkundig gefällt, ist ein „reines Herz" (→ Ps 51,12). Gutes zu tun, gerecht zu sein, das hat scheinbar mit einem Gott zu tun, der in sich ganz gut und gerecht ist. Wie kommt dann aber das Böse in die Welt, woher kommen Hass und Gewalt, die Schuld und der Tod, die Tränen der Kinder und Leiden der unschuldigen Tiere?

Psalm 51

Y **Frage 357:** Ist Atheismus immer eine Sünde gegen das Erste Gebot?

Atheismus →

Agnostizismus →

Heute unterscheidet man drei Formen der Beziehung zu Gott: den Atheismus, den Agnostizismus und Theismus. Der (menschheitsgeschichtlich spät entstandene) Atheismus besteht in der vermeintlich sicheren Gewissheit, dass es Gott nicht gibt. Der Agnostizismus geht von der Voraussetzung aus, dass der Mensch über Gott nichts Sicheres wissen könne; deshalb müsse man sich mit Religion gar nicht beschäftigen.

> Die Entstehung des Lebens auf der Erde mit dem Zufall erklären heißt, von der Explosion einer Druckerei das Zustandekommen eines Lexikons zu erwarten.
>
> **Edwin G. Conklin** (1863–1952), US-Biologe

Theismus →

Der Theismus geht von der Existenz Gottes aus, womit noch nicht gesagt ist, was das ist – „Gott". Ein Prinzip, ein Gefühl, eine universale Vernunft, ein Geist, eine Person, eine Art kosmischer Energie?

"The Atheist Bus Campaign" (Foto oben) war eine 2008 von der britischen Journalistin Ariane Sherine initiierte Kampagne, die von Richard Dawkins unterstützt wurde.

Als **C.S. Lewis** (1898–1963), der Autor der „Chroniken von Narnia", Christ wurde, war er bereits *Theist*. Durch Nachdenken war Lewis zur Erkenntnis gekommen, dass es Gott geben musste. Aber es berührte ihn nicht. Es war nur eine kalte folgenlose Annahme. Wie konnte man in Fühlung kommen mit dieser gewaltigen anderen Seite der Wirklichkeit? C.S. Lewis erschien es unmöglich. Er fühlte sich wie Hamlet, eine Figur im Stück von William Shakespeare – wie einer also, der eine Rolle in einem Stück spielt, das er nicht selbst geschrieben hat. Aber eines Tages kam ihm die entscheidende Einsicht: „Wenn Hamlet und Shakespeare sich jemals begegnen sollten, dann musste es auf Shakespeares Betreiben hin geschehen. Hamlet konnte nichts initiieren." Man könnte also sagen: Das Wesen des Christentums besteht darin, dass der Autor des Stückes unerwarteterweise die Bühne betritt und sich seinen Figuren zeigt – dass also der unergründliche Gott aus seinem Geheimnis hervortritt und sich zeigt, wie er ist. Das nennen wir OFFENBARUNG.

Frage 7: Warum musste Gott sich zeigen, damit wir wissen, wie er ist?

← OFFENBARUNG

EINHEIT 2 GLAUBENSKURS

Wie zeigt sich Gott dem Menschen?

HIER GEHT ES DARUM,
wie der unermesslich große Gott
in unsere beschränkten Köpfe kommt
und warum das über einer
ganz normalen Liebesgeschichte
schneller verständlich wird
als über dicke Bücher.

Frage 6: Kann man Gott überhaupt in Begriffe fassen?

Wer in seinem Leben schon einmal eine Liebesgeschichte erlebt hat, der kennt diesen spannenden Moment. Jemand, mit dem du es sehr gern zu tun hast, druckst herum, er ringt mit sich, wird rot: „Du, ... ich muss dir etwas sagen!" Dir klopft das Herz bis zum Hals. Du ahnst, was jetzt kommt: Der Mensch, der dich liebt, riskiert Kopf und Kragen, denn du könntest lachen und ihn verachten. Aber er wagt es; *er offenbart sich dir* und lässt dich in die tiefstverschlossene Kammer seines Herzens blicken. Würde der andere Mensch dieses Risiko nicht eingehen, du würdest im Leben nicht erfahren, was er für dich empfindet.

Frage 4: Können wir die Existenz Gottes mit unserer Vernunft erkennen?

Wie es keine Liebesgeschichte ohne Offenbarung gibt, so gibt es auch keine Erkenntnis Gottes, ohne dass Gott aus der Tiefe seiner Verborgenheit hervortritt und sich offenbart, das heißt: sich verstehbar macht, wie er ist und wie er es mit uns meint. Gott ist viel zu groß, als dass man ihn definieren und in Begriffe fassen könnte. Wie lächerlich sind alle Versuche, Gott auf eine Formel zu bringen! Schon der große Philosoph Augustinus sagte: *„Si comprehendis, non est Deus"* – frei übersetzt: Wenn du (ihn) verstanden hast, dann ist das, was du zu verstehen glaubst, ganz gewiss nicht Gott. Eigentlich müsste man wie Karl Barth sagen: „Gott wird nur durch Gott erkannt." Ein Maikäfer ist ja auch mit der Infinitesimalrechnung überfordert.

Augustinus (354–430) war einer der größten christlichen Philosophen – und auch ein Heiliger: Dabei hatte er eine krasse Biographie. Vor seiner Taufe lebte er in wilder Ehe und hatte auch einen Sohn. Später wurde er Bischof.

Frage 295: Was ist das Gewissen?

Wie könnte sich Gott uns zeigen, damit wir verstehen? Mit einer Neon-Leuchtschrift am Horizont? Oder würde es den SciFi-Freaks besser gefallen, wenn er vor laufenden Kameras wie ein außerterrestrisches Monstrum aus den Tiefen des Ozeans aufstiege? Das ist lächerlich. Wären wir nicht total geblendet, wenn sich Gott uns direkt zeigen würde? So lässt sich Gott aber in *vielen Spuren* finden, die seine Macht und Größe anzeigen, zum Beispiel in der *Natur* und im *Gewissen*. In der *Natur:* Die Sonne geht auf und die Schöpfung zeigt sich in einer Fülle und Schönheit, dass man

spürt: das ist die DNA Gottes. Von den kleinsten Zellen bis hinauf in den Makrokosmos ist alles aufs Feinste aufeinander abgestimmt. Das *Gewissen* sagt uns normalerweise, es ist *absolut nicht gut,* ein Kind zu schlagen, jemanden zu berauben oder zu betrügen. Es ist, als wäre es die Stimme Gottes, die das unbedingt von uns will. Wenn wir dagegen verstoßen, haben wir das Gefühl, als könnten wir uns nie wieder blicken lassen vor dieser Instanz, die da so geheimnisvoll in uns da ist.

Y **Frage 45:** Stammen die Naturgesetze und natürlichen Ordnungen auch von Gott?

Y **Frage 50:** Welche Rolle spielt der Mensch in der Vorsehung Gottes?

Gott ist noch viel intensiver da als in vagen Naturerfahrungen. Er ist *der Clou, der Witz, die Pointe in deinem Leben*. Viele Menschen ahnen das nicht; sie glauben, dass man die Frage nach dem Sinn im Leben auch ohne Gott beantworten kann. Sie bleiben unterhalb ihrer Möglichkeiten, wenn sie meinen, ein sinnvolles Leben bestünde darin, dass man das Maximale an Spaß aus dem Leben herausholt, bevor man auf dem Nordfriedhof verscharrt wird.

» Erst wo Gott gesehen wird, beginnt das Leben richtig. Erst wo wir dem lebendigen Gott in Christus begegnen, lernen wir, was Leben ist. Wir sind nicht das zufällige und sinnlose Produkt der Evolution. Jeder von uns ist Frucht eines Gedankens Gottes. Jeder ist gewollt, jeder ist geliebt, jeder ist gebraucht.

Papst Benedikt XVI., 2005

Y **Frage 43:** Ist die Welt ein Produkt des Zufalls?

Es ist mit dem Glauben wie fünf Minuten vor dem Beginn deiner großen Liebesgeschichte, die alles auf den Kopf stellt. Noch ist alles grau. Er/Sie kommt um die Ecke und die Welt beginnt für dich noch einmal von vorne. So ist es mit dem Glauben: Dein Schöpfer, dein Herr und Erlöser kommt um die Ecke und von da an habt ihr eine gemeinsame Geschichte. Das Abenteuer beginnt. Später wirst du sagen: Ich habe ja gar nicht gewusst, was Leben ist!

Was ist der Mensch? Jemand raunt mir zu: *Sie* hat Albert Einstein gekannt, *er* war mit Michael Jackson auf der Bühne, die Kanzlerin liebt es, mit *ihr* essen zu gehen. Und was ist mit einem Wesen, das nie im Rampenlicht stand? Das Kind am Rand der Sahelzone? Der demente alte Mann, dem der Speichel herunterläuft? Sind die beiden weniger wert? Widmen wir uns ihnen bloß aus einer gewissen Sentimentalität heraus? Nirgendwo im Reich des Geistes, in keiner Religion, hat der Mensch eine größere Bedeutung als im Judentum und Christentum. Hier ist der Mensch – und zwar *jeder* Mensch – „Krone der Schöpfung" (Ps 8,6), „Abbild Gottes" (Gen 1,27), das Wesen, das von Gott mit ewiger Liebe angeschaut ist, der Kommunikationspartner Gottes auf Augenhöhe. „Als ich noch gestaltlos war, sahen mich bereits deine Augen." (Ps 139,6) Mit der *Offenbarung Gottes* beginnt eine neue Qualität des Humanen.

Y **Frage 280:** Wie begründen Christen die menschliche Würde?

Y **Frage 56:** Hat der Mensch eine Sonderstellung in der Schöpfung?

B **Psalm 8; Gen 1**

B **Psalm 139**

Einheit 3 Glaubenskurs

Was heißt Glauben?

Hier geht es um

die Frage,
ob du dein Leben allein leben möchtest
oder ob du glaubst,
dass da einer ist,
der alle deine Pfade kennt
und sich freut, wenn du
in seine Richtung
unterwegs bist.

Was braucht man für seinen ganz normalen Alltag? Jede Menge Glauben. Ich habe keinerlei Beweise, dass es Island wirklich gibt. Dennoch vertraue ich dem Reiseportal. Ich glaube, dass ich in Reykjavik landen werde, wenn ich mir ein Ticket buche und zum Flughafen gehe. Die wenigsten Dinge im Leben können wir beweisen. Und wenn jemand zu seiner Freundin sagt: „Beweise mir mal deine Liebe!", dann kann man ziemlich sicher sein, dass diese Liebe schon zu Ende ist, bevor sie angefangen hat.

Y **Frage 12:** Woher wissen wir, was zum wahren Glauben gehört?

Wann immer man das Wort „Glauben" in den Mund nimmt, kommt einer um die Ecke und meint abschätzig: *Glauben heißt nicht wissen.* Gemeint ist: Glauben ist mehr für Naive; Leute mit Intelligenz verfügen über Wissen. Von

Y **Frage 21:** Glaube – was ist das?

der Kirche gibt es das Gerücht, dass ihre gesamte Existenz auf weitgehend unbewiesenen Annahmen beruht. Die Leute sollen *glauben*. Zwar wird man nicht mehr dafür verbrannt, wenn man es besser weiß, aber ein bisschen was Ketzerisches hat es immer noch, wenn jemand etwa sagt: „Gott? ... Also für mich ist das mehr so eine Art ‚Urformel'." Hat das nicht auch seine Berechtigung? Wenn „Gott" schon so etwas Wichtiges ist, wie die Religionen immer behaupten, dann sollen ihre Brains diesen wolkigen Begriff doch mal auf den Punkt bringen. Dann möchten wir hören: Die Urformel für Gott lautet $e^{i\pi} + 1 = \text{Gott}$. So etwas, in dieser Richtung. Dann hätte man einen klaren Beweis auf der Hand und müsste nicht lange rummachen mit „glauben"; dann wüsste man es!

Nehmen wir einmal an, die Formel würde stimmen. Wir wüssten es! Was würde nach ihrer Veröffentlichung in der *Physical Review* passieren? Würden sich die Leute bekehren, auf die Knie sinken und die wunderbare Formel anbeten? Ich wette: Nein! Die Leute würden sagen: Aha! Und sie würden das Ding in jener entlegenen Hirnregion abspeichern, in der bereits das Gesetz von der Schwerkraft lagert. Kein Mensch würde etwas Ähnliches tun wie die 49 Christen im Jahr 304, als man sie vor den Kaiser Diokletian schleppte. Die 49 waren in Karthago verhört worden, weil sie bei der heiligen Messe erwischt wurden. Man gab ihnen eine letzte Chance: Sie konnten ihrem Gott abschwören und pro forma dem Kaiser ein bisschen huldigen. Das taten sie nicht, sondern sagten: „Ohne den Sonntag können wir nicht leben." Das kostete sie das Leben.

Frage 32: Was heißt: Gott ist die Wahrheit?

1.7: Warum sollte ich an Gott glauben?

Frage 454: Wie stark verpflichtet die Wahrheit des Glaubens?

Beim Glauben scheint es also um etwas ungleich Kostbareres zu gehen, als über bestimmte Sachverhalte informiert zu sein. Sagen wir so: Es geht nicht um *Wissen über* Gott, sondern um *Beziehung zu* Gott. Nehmen wir ein krasses Beispiel. Jemand kommt und schleudert mir ins Gesicht: „Deine Mutter ist eine

Frage 20: Wie können wir Gott antworten, wenn er uns anspricht?

Schlampe!" Das empört mich zutiefst, obwohl ich meine Mutter die letzten 50 Jahre nicht auf Schritt und Tritt begleitet habe, es faktisch also nicht *beweisen kann,* dass meine Mutter der liebevollste und treueste Mensch auf der ganzen Erde ist. Zwischen meiner Mutter und mir herrscht eine tiefe Vertrauensbeziehung und ich würde niemals das Andenken meiner Mutter beschmutzen lassen. Auch wenn es um Gott geht, ist die *Vertrauensbeziehung* das A und O. Das Wort GLAUBE kommt übrigens aus der indogermanischen Wortwurzel *leubh* – und das heißt so viel wie ‚lieb haben', ‚für lieb erklären', ‚gut heißen', ‚loben'.

GLAUBE ➡

Y **Frage 22:** Glauben – wie geht das?

Und da sind wir schon am Punkt. Glauben bedeutet Gott lieb haben, Gott für lieb erklären, Gott gut heißen, Gott loben. Wenn immer mehr junge Leute heute den *Lobpreis* entdecken, dann sind sie am feurigen Herz des Glaubens. Sie sind jedenfalls näher dran als die Neunmalklugen, die in Bibliotheken nach dem Absoluten fahnden.

» Christlich glauben bedeutet sich anvertrauen dem Sinn, der mich und die Welt trägt; ihn als den festen Grund nehmen, auf dem ich furchtlos stehen kann.

Papst Benedikt XVI.

» Menschen und menschliche Dinge muss man kennen, um sie zu lieben. Gott und göttliche Dinge muss man lieben, um sie zu kennen.

Blaise Pascal (1623–1662), Mathematiker und Philosoph

Glauben ist keine Erfindung der Kirche. Wenn es eine Erfindung ist, dann eine von Jesus. Immer wieder heißt es im Johannesevangelium: „Wer an mich *glaubt* ..." – Ja, was dann? –, ... der „... hat das ewige Leben" (Joh 6,47), der „... wird leben, auch wenn er stirbt" (Joh 11,25), der „... wird die Werke, die ich vollbringe, auch vollbringen und er wird noch größere als diese vollbringen" (Joh 14,12).

Starker Tobak! Mit größter Selbstverständlichkeit bezieht Jesus das *glauben* auf sich selbst. Ich habe mich immer darüber gewundert, dass niemand protestiert, wenn Jesus sagt: „Ich bin der Weg und die Wahrheit und das Leben" (Joh 14,6). *Ich!* Er sagt ja nicht: Ich weiß einen Weg, ich kenne die Wahrheit. Ich habe ein bisschen Erfahrung mit dem Leben. Nein – *Ich bin!* Jesus lässt uns im Grunde nur zwei Möglichkeiten: Entweder *ich glaube ihm* und setze alles auf diese Karte, oder ich halte ihn für einen Donald Trump der Religion. „Glauben", sagt Papst Benedikt, „bedeutet, sich Gott zu überlassen."

Y **Frage 71:** Warum heißen die Berichte über Jesus „Evangelium", also „Frohe Botschaft"?

Wenn die Heiligen im Himmel nochmals auf die Erde zurückkehren könnten, würden sie, von Liebe entflammt, unermüdlich darauf bedacht sein, für die Ausbreitung des Glaubens in der ganzen Welt zu sorgen, in der Absicht, der ganzen Welt die unendliche Liebe Gottes zu den Menschen kundzutun. Denn viel mehr als jeder Erdenbewohner wissen die Heiligen, wie sehr der Vater, der Sohn und der Heilige Geist würdig sind, erkannt zu werden. Sind sie doch hingerissen, wenn sie sehen, mit welcher Herrlichkeit im Himmel jede, auch die kleinste Tat für die Verbreitung des Glaubens belohnt wird.

Hl. Vinzenz Pallotti (1795–1850)

EINHEIT 4 GLAUBENSKURS

Wozu ist die Bibel gut?

Hier geht es um

einen versteckten Schatz,
ein Buch, in dem man täglich lesen sollte,
weil es mehr Inhalt hat
als tausend Ratgeber und mehr Substanz
als alle anderen Bücher
auf der Welt.

Als Mönche diese schöne Initiale schufen, war die Heilige Schrift für normale Leute in der Kirche noch verboten. Ist das nicht verrückt? „Die Schrift nicht kennen heißt Christus nicht kennen", sagte schon der Kirchenvater Hieronymus. Wie kam das? Bibel *las* man als einfacher Christ nicht, man *hörte* sie ausschließlich während der Gottesdienste, in kleinen Dosen, kirchlich kommentiert.

Y **Frage 17:** Welche Bedeutung hat das Alte Testament für Christen?

Y **Frage 18:** Welche Bedeutung hat das Neue Testament für Christen?

Der Dominikanermönch und Inquisitor **Melchor Cano** ist eine Gestalt wie aus „Der Name der Rose". Als im

Jahre 1559 ein spanischer Bischof die Übersetzung der Bibel in die Landessprache forderte, trat Cano auf den Plan und warnte davor, dass es zu Zuständen wie in Deutschland kommen werde, wo Martin Luther 40 Jahre zuvor die Bibel ins Deutsche übertragen hatte. Die Bibel sei nichts für „Zimmermannsfrauen": „Auch wenn die Frauen mit unersättlichem Appetit danach verlangen, von dieser Frucht zu essen, ist es nötig, sie zu verbieten und ein Feuermesser davorzustellen, damit das Volk nicht zu ihr gelangen könne." Auch Teresa von Ávila, die große Reformerin der Kirche im 16. Jahrhundert, war davon betroffen und litt fürchterlich darunter. Doch hatte sie in der Nacht eine Eingebung, die sie sehr tröstete: „Da sagte der Herr zu mir: ‚Sei nicht betrübt, denn ich werde dir *ein lebendiges Buch* geben'".

> „ Was wäre, wenn wir immer eine Bibel oder eine Taschenausgabe des Evangeliums bei uns hätten, wie unser Handy? Was würde geschehen, wenn wir die Bibel genauso behandeln wie unser Handy? Wenn wir umkehren, um sie zu holen, weil wir sie zu Hause haben liegen lassen, wenn wir sie mehrmals am Tag zur Hand nehmen, wenn wir die Botschaften Gottes in der Bibel lesen, wie wir die Botschaften auf dem Handy lesen?

Papst Franziskus

Die Attacke des Inquisitors Melchor Cano muss man weniger als Dokument der Unterdrückung von Frauen lesen, denn als Angriff auf das Volk. Frauen waren damals wie heute religiös interessierter als die Männer. Frauen – dachte man vielleicht – würden die Bibel mit Feuereifer lesen und diskutieren; und wenn sie sich dann noch von der Reformation anstecken ließen, dann würde an jeder Straßenecke eine neue Kirche entstehen. Luther hatte ja bekanntlich das *Sola-Scriptura-Prinzip* aufgestellt: Ein Christ brauche allein die Heilige Schrift und nicht dazu auch noch die Interpretationen der Priester. Die Bibel sei selbsterklärend. In der Tat verstrickte sich die reformatorische Bewegung schon zu Luthers Zeiten in eine Fülle unterschiedlicher Lesarten. Alle wollten sie der Bibel folgen. Aber faktisch folgten die einen der Auslegung von Calvin, die anderen der Auslegung von Zwingli, wieder andere der Auslegung von Thomas Müntzer oder John Knox ...

Y **Frage 130:** Sind auch nichtkatholische Christen unsere Schwestern und Brüder?

Frage 16: Wie liest man die Bibel richtig?

Längst hat die Kirche ihren Irrtum eingesehen, die Bibel unter Verschluss zu halten, als wäre sie ein Stück Giftschrankliteratur. Heute ist es völlig normal, wenn Papst Franziskus junge Katholiken auffordert, intensiv in der Bibel zu lesen: „Ihr haltet … etwas Göttliches in Händen: ein Buch wie Feuer! Ein Buch, durch das Gott spricht. Also merkt Euch: Die Bibel ist nicht dazu da, um in ein Regal gestellt zu werden, sondern um sie zur Hand zu haben, um oft in ihr zu lesen, jeden Tag, sowohl allein als auch gemeinsam. Ihr macht doch auch gemeinsam Sport oder geht gemeinsam shoppen. Warum lest ihr nicht zu zweit, dritt, zu viert gemeinsam in der Bibel? Draußen in der Natur, im Wald, am Strand, abends, im Schein von ein paar Kerzen? Ihr werdet eine gewaltige Erfahrung machen!" Aber man muss natürlich sagen: Es gehört zur Schuldgeschichte der Kirche, dass sie über Jahrhunderte hinweg einfache Menschen nicht frei aus dem Reichtum des Wortes Gottes schöpfen ließ.

Dennoch hat die Kirche ein Prinzip nicht aufgeben: *Die Bibel ist das Buch der Kirche.* Sie ist aus ihrem Leben herausgewachsen; sie ist und bleibt ihre Herzkammer. „Wir können", sagt Papst Benedikt, „niemals alleine die Schrift lesen. Wir finden zu viele Türen verschlossen und gleiten leicht in den Irrtum ab. Die Bibel wurde vom Volk Gottes und für das Volk Gottes unter der Inspiration des Heiligen Geistes geschrieben." Wir dürfen den lebendigen Zusammenhang mit der Kirche nicht vergessen, uns also nicht selbst zum Herrn der Bibel machen. „Um sein Ziel zu erreichen, zitiert selbst der Teufel aus der Bibel", sagte schon Shakespeare.

Frage 19: Welche Rolle spielt die Heilige Schrift in der Kirche?

Aber was ist das „Wort Gottes" genau? Alles, was Gott uns zu sagen hat, hat er uns in Jesus Christus gesagt. Er ist die Offenbarung der Offenbarungen und das eigentliche „Wort Gottes". Den Zugang zum Wort

1.4: Was ist der Unterschied zwischen Bibel und Koran?

Gottes finden wir schriftlich in der *Heiligen Schrift* und mündlich in der *Apostolischen Tradition (oder Überlieferung).* Man kann sich das konkret vorstellen: Bis zum Jahr 397 – da legte die Synode von Karthago fest, welche Bücher zur Heiligen Schrift gehören – lebten Generationen von Christen quasi ohne Neues Testament. Lebten sie deshalb ohne „Wort Gottes"? Nein, das Wort war in ihnen lebendig, „wirksam und schärfer als jedes zweischneidige Schwert" (Hebr 4,12). Sonst hätten sie die Katakomben und grausamen Zirkusspiele der Antike nicht überlebt.

Y **Frage 10:** Ist mit Jesus Christus alles gesagt, oder wird nach ihm die Offenbarung noch fortgesetzt?

B **Hebr 4,12**

Das Evangelium lesen und immer wieder lesen, ohne Unterlass, um immer mehr den Geist, die Taten, die Worte, die Gedanken Jesu vor Augen zu haben, um zu denken, zu sprechen, zu handeln wie Jesus, um dem Beispiel und den Weisungen Jesu zu folgen!

Sel. Charles de Foucauld (1858–1916)

EINHEIT

5

GLAUBENSKURS

Was heißt: Gott wird Mensch?

Hier geht es um

das vielleicht anstößigste Moment
am ganzen Christentum,
dass nämlich die Kirche seit 2000 Jahren
an der Überzeugung festhält,
Gott hätte sich so menschlich gemacht
wie irgendein Baby,
das gerade zur Welt kommt.

Frage 9: Was zeigt Gott von sich, wenn er seinen Sohn zu uns schickt?

Frage 337: Wie werden wir erlöst?

INKARNATION

(von lat. *caro, carnis* = Fleisch, Fleischwerdung): Menschwerdung Gottes in Jesus Christus. Sie ist die Grundlage christlichen Glaubens und der Hoffnung auf Erlösung des Menschen.

Jean-Paul Sartre (1905–1980), der französische Philosoph, war neben Sigmund Freud der zweite epochemachende Atheist und Antichrist im 20. Jahrhundert. Der später so bittere und radikale Sartre wollte zu denen gehören, die aus Gott „eine verjährte Hypothese gemacht haben, die ruhig und von selber sterben wird". Nun war es aber ausgerechnet Sartre, der – vielleicht besser als jeder Theologe – erklärte, was es mit der Menschwerdung Gottes auf sich hat. Die Theologie spricht von der „INKARNATION" (= dem ins-Fleisch-Kommen) Gottes. Warum wollte Gott denn ausgerechnet Fleisch werden?

Von **Sartre** gibt es – man glaubt es kaum – ein Krippenspiel. Es heißt „Bariona oder der Sohn des Donners". Sartre schrieb und inszenierte es 1940, als er Kriegsgefangener in der Nähe von Trier war. Das Stück war für die Lagerweihnachtsfeier bestimmt. Für Sartre war diese Zeit in Trier bewegend. Er vertiefte sich in die katholischen Autoren Paul Claudel und Georges Bernanos („Die beiden großen Entdeckungen, die ich im Gefangenenlager gemacht habe, waren *Der Seidene Schuh* und *Tagebuch eines Landpfarrers*. Es sind die einzigen Bücher, die bei mir einen nachhaltigen Eindruck hinterlassen haben"), lernte Priester kennen und fühlte sich „brüderlich" mit ihnen verbunden: „Ich habe eine Form kollektiven Lebens wiedergefunden, die ich seit der *École Normale* nicht mehr gekannt hatte, und eines muss ich sagen: Ich war glücklich dort." Fast hätte Sartre das Loch in seiner Seele, sein großes Vatertrauma, angepackt. Aber so weit sollte es doch nicht kommen. Immerhin schrieb Sartre den „Bariona", um damit „die breiteste Gemeinschaft zwischen Christen und Nichtchristen herzustellen."

> Mach's wie Gott: Werde Mensch!

Bischof Franz Kamphaus (*1932), em. Bischof von Limburg

> **99** Gott war unbegreiflich, unnahbar, unsichtbar und unvorstellbar. Er ist Mensch geworden, uns nahe gekommen in einer Krippe, damit wir ihn sehen und begreifen können.

Hl. Bernhard von Clairvaux (ca. 1090–1153)

Das Stück enthält eine atemberaubende Passage, in der Sartre seine Gott-Losigkeit erklärt. Er lässt den Bariona sagen: „Ein Gottmensch, ein Gott aus unserem erniedrigten Fleisch, ein Gott, der bereit wäre, diesen salzigen Geschmack kennenzulernen, den wir im Mund haben, wenn die ganze Welt uns verlässt, ein Gott, der im Voraus bereit wäre, zu leiden, was ich heute leide ... Also, das ist Blödsinn!" An anderer Stelle lässt er den Bariona sprechen: „Wenn Gott Mensch würde für mich, dann würde ich ihn lieben, ihn ganz allein. Dann wären Bande zwischen ihm und mir, und für das Danken reichten alle Wege meines Lebens nicht; ein Gott, der Mensch würde aus unserem liebenswerten, elenden Fleisch, ein Gott, der das Leid auf sich nähme, das ich heute leide. Ja, wenn Gott Mensch würde für mich, dann würde ich ihn lieben ... Aber welcher Gott wäre dumm genug dafür?"

Y **Frage 76:** Warum wurde Gott in Jesus Mensch?

Y **Frage 33:** Was heißt: Gott ist die Liebe?

Y **Frage 402:** Was ist Liebe?

„Gott ist so groß, dass er klein werden kann. Gott ist so mächtig, dass er sich wehrlos machen kann und als wehrloses Kindlein auf uns zugeht, damit wir ihn lieben können.

Papst Benedikt XVI., 24.12.05

Und Sartres Maria sagt: „Dieser Gott ist mein Kind. Dieses göttliche Fleisch ist mein Fleisch. Er ist aus mir gemacht, er hat meine Augen, und diese Form seines Mundes ist auch die Form von meinem. Er sieht mir ähnlich. Er ist Gott, und er sieht mir ähnlich ... Und keine Frau hat ihren Gott derart für sich allein gehabt. Einen ganz kleinen Gott, den man in den Arm nehmen kann und mit Küssen bedecken, einen ganz warmen Gott, der lächelt und atmet, einen Gott, den man berühren kann und der lebt."

Y **Frage 82:** Ist es nicht anstößig, Maria „Mutter" Gottes zu nennen?

Y **Frage 13:** Kann sich die Kirche in Glaubensfragen irren?

MONOPHYSITISMUS →

SUBORDINATIANISMUS →

ADOPTIANISMUS →

DOKETISMUS →

Kein Satz in der Heiligen Schrift hat in und außerhalb der Kirche größeren Skandal gemacht als Joh 1,14: „Und das Wort (= Gott) ist *Fleisch* geworden und hat unter uns gewohnt." Ein Gott, der Fleisch wird, das war für die geistverliebten Griechen, die gerade ihren absurden Götterhimmel entsorgt hatten, einfach nur shocking. Und selbst in der Kirche feuerte eine Irrlehre nach der anderen dagegen. Die *Monophysiten* lehrten, Christus sei nicht wahrer Mensch und wahrer Gott zugleich gewesen; er habe nur die göttliche Natur besessen. Die *Subordinatianisten* lehrten, Jesus sei eine Art Gott zweiter Klasse gewesen, nicht auf einer Stufe mit dem Vater und dem Heiligen Geist. Die *Adoptianisten* lehrten, Christus sei nur Mensch gewesen; Gott habe ihn bei der Taufe im Jordan gleichsam als Sohn „adoptiert". Die *Doketisten* dagegen lehrten,

Christus sei wirklich Sohn Gottes gewesen, habe sich aber eines Scheinleibes bedient, sei darum auch nur scheinbar am Kreuz gestorben.

Nestorius, Bischof und Patriarch von Konstantinopel im 5. Jahrhundert, wurde auf dem Konzil von Ephesus seines Amtes enthoben, weil er darauf bestand, er könne „einen zwei oder drei Monate alten Gott" nicht anerkennen. Die Kirche hielt immer daran fest, dass der aus der Jungfrau Maria geborene Jesus von Nazareth „wahrer Mensch und wahrer Gott zugleich" ist. Und das war nicht immer einfach!

Y **Frage 77:** Was bedeutet es, dass Jesus Christus wahrer Gott und wahrer Mensch zugleich ist?

> Entweder war und ist dieser Mann der Sohn Gottes, oder er ist verrückt. Man kann ihn als Narren einsperren, man kann ihn anspucken und ihn als Dämon töten; oder man kann zu seinen Füßen fallen und ihn Herr und Gott nennen. Aber kommen Sie mir nicht mit diesem moralisierenden Quatsch, er sei ein großer menschlicher Lehrer. Diese Option hat er uns nicht offengelassen. Das wollte er nie.

Der englische Schriftsteller **C. S. Lewis** über Jesus

Ich stelle mir einmal vor, ich müsste einen Gott verehren, der sich aus dem Dreck dieser Erde herausgehalten hat! Ich würde auf der Stelle Atheist werden. So aber weiß ich, dass wahr ist, wonach Sartre sich sehnte – „ein Gott, den man berühren kann und der lebt." Gott hat ein menschliches Gesicht bekommen.

EINHEIT

6

GLAUBENSKURS

Warum das Leid?

HIER GEHT ES UM

die Leiden der Armen,
die Schmerzen der Kranken
und die Tränen der Kinder,
an denen keine Theologie achtlos
vorübergehen kann,
ohne sich zu blamieren
und buchstäblich unmöglich
zu machen.

Ein junges Paar freut sich auf das Baby. Das Kind wird geboren. Es hat keine Arme. Warum lässt Gott das zu? Ich habe einmal einen alten Priester mit einer Abfolge von Katastrophen, die sich gerade in meiner Nähe ereigneten, provoziert. Er schüttelte immer nur den Kopf und sagte mit ruhiger Stimme einen einzigen Satz: „Gott macht keine Fehler." Ich musste schlucken, konnte mich lange nicht damit anfreunden. Später begegnete ich der Mutter eines Kindes mit Down-Syndrom. Sie sagte mir: „Wir möchten Felix gegen kein anderes Kind auf der Welt eintauschen. Er ist der Sonnenschein in unserer Familie ..."

THEODIZEE

Seit **G. W. Leibniz** (1646–1716) gibt es das Wort THEODIZEE (griech.: „Anklage Gottes") für die Frage, wie ein guter Gott mit dem Leid in der Welt zu vereinbaren ist. Mit Leid dieser Art müssen alle umgehen, ob sie Gott nun auf der Rechnung haben oder nicht. Wer *nicht glaubt,* hält das Leben womöglich für ein Glücksspiel, bei dem einige halt Pech haben. Das kann nicht sein, sagen Christen dann. Die Träne eines einzigen Kindes würde den Sinn des Universums pulverisieren, würde da nicht einer kommen, der „alle Tränen von ihren Augen" (Offb 21,4) abwischt. Dennoch haben auch Christen keine unfehlbare Formel in der Tasche, mit der sie das Leid wegzaubern und die Güte Gottes beweisen können. Wie andere Menschen stehen auch Christen ratlos vor den unfassbaren Varianten unschuldigen Elends. Nicht nur Menschen leiden, auch Tiere; in gewissem Sinn leidet die ganze Schöpfung. Dennoch glauben Christen, dass sich das Leben lohnt, ja dass sich jedes Leben lohnt, das Gott schenkt. Aber sie müssen sich hämische Fragen gefallen lassen: „Wo war denn euer Gott, als das und das passiert ist?" Was tun sie dann?

Y **Frage 66:** Lag es in Gottes Plan, dass Menschen leiden und sterben?

B **Offb 21**

Sie leiten die Frage an Gott weiter, manchmal in Tränen, manchmal mit einem leicht rebellischen Unterton, wie es Romano Guardini (1885–1968) getan hat: „Warum, Gott, brauchst du zum Heil die fürchterlichen Umwege, das Leid der Unschuldigen, die Schuld?" Guardini meinte übrigens auch, er werde sich im Letzten Gericht nicht nur fragen lassen, sondern auch selber Fragen stellen.

Das ist keineswegs gottlos. Schon die Bibel hält das Leid nicht säuberlich von Gott fern. Menschen gehen in einen oft genug verstörenden Dialog mit ihrem Gott, klagen ihn sogar an: „Herr, warum bleibst du so fern, verbirgst dich in Zeiten der Not?" (Ps 10,1) Da ist der arme Mann Ijob, dem restlos alles genommen wird: „Ich schreie zu dir und du erwiderst mir nicht;

Y **Frage 240:** Wie deutete man „Krankheit" im Alten Testament?

B **Psalm 10**

> Im Leiden erfährt der Mensch Gottes Kraft, im Handeln baut er zu sehr auf sich und wird schwach. Im Leiden wird er geläutert und daher weise und besonnen.

Sel. John Henry Kardinal Newman (1801–1890)

ich stehe da, doch du achtest nicht auf mich." (Ijob 30,20) Was sagt Gott? „Meine Gedanken sind nicht eure Gedanken und eure Wege sind nicht meine Wege – Spruch des HERRN" (Jes 55,8). Sind wir ihm gleichgültig? Macht Gott wirklich keine Fehler?

B **Ijob**

Y **Frage 40:** Kann Gott alles? Ist er allmächtig?

Die Frage nach Gott und dem Leid bleibt ein Mysterium, das freilich von einer Reihe von Gewissheiten umstellt ist. Wir wissen: Gott ist allmächtig, sonst wäre er nicht Gott. Wir wissen: Gott hat die Welt gut geschaffen.

Y **Frage 51:** Wenn Gott alles weiß und alles kann, warum verhindert er dann nicht das Böse?

Dass es das Böse und das Leid gibt, erscheint uns zu Recht als Störung, Abbruch, als etwas, das einfach nicht sein soll. Die Heilige Schrift sieht die Welt fundamental vergiftet durch das Böse, dessen Urheber Gott nicht ist und nicht sein kann. Gott ist der Feind des Bösen; er denkt „Gedanken des Heils und nicht des Unheils“ (Jer 29,11). Bei Jesaja heißt es sogar: „Ich selbst werde euch trösten, wie eine Mutter ihr Kind tröstet.“ (Jes 66,13)

Jer 29,11

Jes 66,13

Frage 241: Warum zeigt Jesus so viel Interesse an den Kranken?

Letztlich laufen die Fäden erst bei Jesus zusammen. In seinem Sohn geht Gott selbst in das Leid seiner Schöpfung, bis an diesen radikalen Punkt, an dem der sterbende Sohn seinem Vater entgegenbrüllt: „Mein Gott, mein Gott, warum hast du mich verlassen?“ (Mk 15,34) Was wie die abgründigste Gottesanklage klingt, ist in Wahrheit der unglaubliche Psalm 22, der nur zur Hälfte der Schrei eines Verratenen ist, zur anderen Hälfte aber ein einzigartiges Loblied auf den rettenden Gott: „Denn er hat nicht verachtet, nicht verabscheut des Elenden Elend. Er hat sein Angesicht nicht verborgen vor ihm; er hat gehört, als er zu ihm schrie.“ (Ps 22,25) Der Vater lässt seinen Sohn nicht im Tod; er weckt ihn zu neuem Leben auf – und mit ihm alle, die an ihn glauben. Und so sagt Paulus: „Wir wissen aber, dass denen, die Gott lieben, alles zum Guten gereicht.“ (Röm 8,28)

Mk 15,34

Psalm 22

1.36: Will Gott, dass Menschen sterben?

Röm 8,28

> Dies eine bedenke vor allem: Wie Berge schwer wäre dein Leid, wenn du es allein tragen müsstest. Aber es ist ein Joch, an dem der Herr dir tragen hilft, und er trägt dich selbst samt deiner Last.

Franz von Sales (1567–1622)

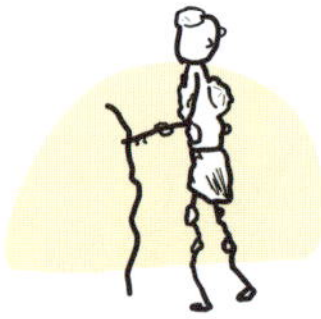

„Ich glaube", meinte einmal der evangelische Theologe **Dietrich Bonhoeffer** (1906–1945), „dass Gott aus allem, auch aus dem Bösesten, Gutes entstehen lassen kann und will." Er schrieb diesen Satz in der Todeszelle, in welche die Nazis den Widerstandskämpfer verbracht hatten. Dort schrieb er vier Monate vor seiner Hinrichtung (und im Angesicht des Todes) auch ein Gedicht, das er seiner Verlobten schickte: „Von guten Mächten wunderbar geborgen, erwarten wir getrost, was kommen mag ... Und reichst du uns den schweren Kelch, den bitter'n des Leids, gefüllt bis an den höchsten Rand, so nehmen wir ihn dankbar ohne Zittern aus deiner guten und geliebten Hand."

Y **Frage 49:** Lenkt Gott die Welt und mein Leben?

Einheit 7 Glaubenskurs

Warum das Kreuz?

Hier geht es um

die Frage, warum Christen ausgerechnet
eines der brutalsten Folterinstrumente der Antike
zu ihrem Markenzeichen erhoben haben
und warum sie vor den Leiden
eines verurteilten Verbrechers
auf die Knie gehen.

Frage 51: Wenn Gott alles weiß und alles kann, warum verhindert er dann nicht das Böse?

Die Isenheimer Antoniter bestellten bei Meister Grünewald ein Kunstwerk, einen Altar, dessen Mitteltafel aus einer Kreuzigung bestand, die an grausamem Realismus alles übertraf, was bis dahin gemalt worden war: Hände im Schmerzkrampf, ein ausgemergelter Körper, nur noch Haut und Knochen, voll Schwären und Eiter, Dornen im Kopf, Blut und Wunden ohne Zahl. Die Ordensbrüder stellten den Altar in der Kapelle auf und brachten täglich die unheilbar Kranken vor dieses Bild. Es musste den unter Schmerzen sich windenden Feuerkranken oder den mit blauschwarzen Beulen übersäten Pestkranken erscheinen, als sei da einer von ihnen ans Holz genagelt. Die Antoniter hielten das Gebet vor dem Kreuz für eine *quasi Medicina* – eine Art Medizin. Trieben sie ihren Spott mit den Ärmsten der Armen? Muss man den Leidenden auch noch ihr eigenes Elend vor Augen führen?

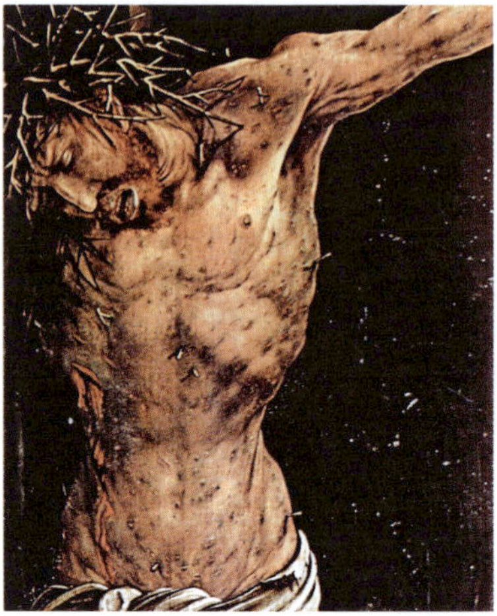

So denken wir heute und würden eher dazu neigen, den Sterbenden Opioid-Schmerzmittel und eine Videoendlosschleife von Mr. Bean zu verabreichen. Die Menschen im Mittelalter entnahmen der QUASI MEDICINA vermutlich drei Botschaften:

1. Die Botschaft von der Solidarität Gottes.
2. Die Botschaft: Bereue deine Sünden.
3. Die Botschaft von der Hoffnung auf fundamentale Rettung.

Was auf den ersten Blick grausam klingt, verdient eine nähere Betrachtung.

Er hat unsere Sünden mit seinem eigenen Leib auf das Holz des Kreuzes getragen, damit wir tot sind für die Sünden und leben für die Gerechtigkeit. Durch seine Wunden seid ihr geheilt. **1 Petr 2,24**

Zu 1: Wenn man in großen Leiden steht, besteht der tiefste Schmerz häufig darin, dass man sich von Gott und Mensch verlassen vorkommt. Da muss ich jetzt allein durch! Es ist tröstlich, wenn andere Leidende in der Nähe sind. Und es ist doppelt tröstlich, wenn Gott da

ist. Was soll ich im Ernstfall mit einem Gott, der vom Reigen seliger Geister umgeben ist, aber mindestens an einem Ort noch nie war: in meinen Leiden. Früher sagte man: *Opfere deine Leiden mit den Leiden Christi auf!* In moderne Sprache übersetzt: Verwandle deine Leiden in ein Geschenk für andere, tu es gemeinsam mit Jesus, der für dich am Kreuz litt, der dir seinen Tod zum Geschenk machte, für dein Heil und das Heil der ganzen Welt.

Y **Frage 102:** Wieso sollen auch wir das Leid in unserem Leben akzeptieren und so „das Kreuz auf uns nehmen" und damit Jesus nachfolgen?

> Das Kreuz Christi ist eine Last von der Art, wie es die Flügel für die Vögel sind. Sie tragen sie aufwärts.

Hl. Bernhard von Clairvaux (ca. 1090–1153)

Zu 2: Wer Menschen kennt, die dem Tod ins Gesicht blicken, erfährt häufig, dass die seelischen Schmerzen die größeren sind: der Schmerz, seine Biographie nicht ungeschehen machen zu können: die Wunden die man geschlagen, die Menschen, die man verlassen hat oder denen man manches schuldig blieb. In der Reue über ein angebrochenes, häufig zerbrochenes Leben tröstet der Blick auf den, der alles gutmacht, der auch meine Geschichte zu einer absolut guten Geschichte machen möchte. Und sei es im letzten Augenblick. „Im Kreuz ist Heil, im Kreuz ist Leben, im Kreuz ist Hoffnung" (Karfreitagsliturgie).

Y **Frage 229:** Was macht einen Menschen bereit zur Reue?

Zu 3: Christen sterben häufig mit einem Kreuz in der Hand oder in Sichtweite des Kreuzes. Bei Jesus blickt man durch ... auf die letzte Pointe des Lebens –, und die besteht nicht in einer Erd-, See- oder Feuerbestattung. Die letzte Pointe des Lebens ist die Auferstehung von den Toten. „Die wahre Revolution, die das Leben radikal verändert, hat Jesus Christus mit seiner Auferstehung vollbracht: mit Kreuz und Auferstehung", sagt Papst Franziskus.

Y **Frage 108:** Was hat sich durch die Auferstehung in der Welt geändert?

Gottes ewige Weisheit hat von Ewigkeit her das Kreuz ersehen, das Er dir als ein kostbares Geschenk aus Seinem Herzen gibt. Er hat dieses Kreuz, bevor Er es dir schickte, mit Seinen allwissenden Augen betrachtet, es durchdacht mit Seinem göttlichen Verstand, es geprüft mit Seiner weisen Gerechtigkeit, mit liebenden Armen es durchwärmt, es gewogen mit Seinen beiden Händen, ob es nicht einen Millimeter zu groß und ein Milligramm zu schwer sei. Und Er hat es gesegnet in Seinem allerheiligsten Namen, mit Seiner Gnade es durchsalbt und mit Seinem Trost es durchduftet. Und dann noch einmal auf dich und deinen Mut geblickt – und so kommt es schließlich aus dem Himmel zu dir als ein Gruß Gottes an dich, als ein Almosen der allbarmherzigen Liebe.

Hl. Franz von Sales (1567–1622)

ALMOSEN →
Gabe aus Mitleid

Die Frage, wie man den Leiden entkommt, wird in allen Religionen der Erde gestellt. Wir dürfen sie auch auf das Sterben hin befragen. Ich stelle mir einmal vor, die Antoniter hätten – statt bei Meister Grünewald ein Kreuz – im Baumarkt einen Buddha erworben, um die Kranken vor seiner lächelnden Seelenruhe zu versammeln. Im Buddhismus heißt es lapidar: „Leben ist Leiden", und dieses Leiden höre nicht mehr auf, bis wir uns der Ursache aller Leiden, der Begierden (= Wünsche), entwöhnt hätten. Ich möchte aber nicht wunschlos (un-)glücklich werden, sondern an das tiefste Ziel meiner Wünsche gelangen: ganz heil zu werden. Ich möchte Leben haben, Leben in Überfluss, Leben ohne Ende. Ich möchte mir das Leben nicht abgewöhnen, den Vorrat meiner Freude nicht abzählen, bis er aufgebraucht ist. Ich bin Christ; in welche Not auch immer ich gerate – ich weiß: Ich komme aus dieser Nummer heil heraus.

Y **Frage 136:** Wie sieht die Kirche die übrigen Religionen?

B Ich bin gekommen, damit sie das Leben haben und es in Fülle haben.
Joh 10,10

„Ein Mensch ohne Religion", hat Erzbischof Helder Camara einmal gesagt, „ist ein Wanderer ohne Ziel, ein Fragender ohne Antwort, ein Ringender ohne Sieg und ein Sterbender ohne neues Leben." Bischof Camara hätte besser gesagt: „... ohne christliche Religion". Je mehr Kreuze aus den Klassenzimmern, Gerichtssälen und von den Berggipfeln entfernt werden, desto heiliger müssen Christen das Bild des Gekreuzigten in ihren Herzen halten, denn es ist ein Bild vor dem großen Bild der Freude, dem Aufgang der Sonne: der Auferstehung.

Y **Frage 281:** Warum sehnen wir uns nach Glück?

EINHEIT 8 GLAUBENSKURS

Wozu brauchen wir die Kirche?

Hier geht es um

das, was die Kirche ist:

eine Außenseite und ein Geheimnis.

Etwas Menschliches und Göttliches zugleich.

Ein Strom, durch den

das wahre Leben zu uns fließt.

Ein Ort, die Liebe zu teilen.

Eine Heimat in der

Freude.

Frage 121: Was bedeutet „Kirche“?

Wer das innerste Geheimnis der Kirche verstehen will, schaue sich dieses Bild an: Auf den ersten Blick – ein Marienbild. Maria gilt seit den ältesten Zeiten als ihr „Urbild“. Warum? Ihr Leib war die erste Wohnung Gottes, als er Mensch wurde. Mehr noch: Jesus war der ganze Lebensinhalt von Maria. Sie war um ihn – er war in ihr. Genauso muss die Kirche sein: Ein Ort, in dem der Auferstandene leben kann. Ein Ort vollkommener Liebe und Bereitschaft. So wie damals, als Gott anklopfte bei einer jungen Frau in Galiläa. Gott suchte einen Ort, um in der Welt zu sein. „Mir geschehe, wie du es gesagt hast“, hat Maria zu Gottes Engel gesagt.

Lk 1,38

Gott suchte nicht nur damals einen Ort, in dem Jesus sein Leben führen konnte. Er sucht ihn auch heute unter uns. Man sagt deshalb auch, dass die Kirche *„Tempel des Heiligen Geistes“* ist. Das Wort „Tempel“ meint so viel wie „heiliger Raum“. Gott ist zwar überall

Frage 128: Was heißt: Die Kirche ist der „Tempel des Heiligen Geistes“?

präsent, aber es ist oft schwer zu unterscheiden, wo wir es mit etwas Göttlichem zu tun haben oder mit etwas bloß Menschlichem. Es ist faszinierend, wenn wir in der Heiligen Schrift lesen, dass Gott wirklich unter uns „wohnen" will. Es Gott „wohnlich" bei uns zu machen ist unsere gemeinsame Aufgabe. Wir sind es aber nicht selber, die einen Tempel bauen sollen. Da haben viele mitgearbeitet. Zuletzt ist es Gott selbst, der Heilige Geist, der Tag und Nacht an der Wohnung Gottes unter uns gebaut hat und baut.

Sie sollen erkennen, dass ich der HERR, ihr Gott, bin, der sie aus Ägypten herausgeführt hat, um in ihrer Mitte zu wohnen, ich, der HERR, ihr Gott. **Ex 29,46**

Die Kirche hat keinen anderen Lebensinhalt als Jesus selbst. Wir müssen nur da sein – um Jesus herum – und ihn wirken lassen. Dann sind wir die Kirche. Im Lukasevangelium sagt Jesus einmal: „Meine Mutter und meine Brüder sind die, die das Wort Gottes hören und danach handeln." (Lk 8,21) „Die Kirche", sagt Papst Benedikt XVI., „ist Gottes Familie in der Welt." Die Kirche ist also erst einmal der lebendige Jesus, der heute

2.1: Was ist die Kirche? Wer gehört zur Kirche?

Lk 8,21

bei uns lebt – und dann erst kommt seine „Familie", kommen wir Unvollkommenen, wir Sünder, die mit Jesus zusammen „ein Leib" sein dürfen.

Frage 126: Was heißt: „Die Kirche ist der Leib Christi"?

Ja, Jesus hat sich so tief auf uns eingelassen, dass wir mit ihm gewissermaßen „ein Leib" sind. Das bezeugt die Heilige Schrift an vielen Stellen. Der heilige Augustinus (350–430) hat ein tiefes Wort über das gesagt, was passiert, wenn wir die heilige Kommunion empfangen: „Empfangt, was ihr seid: *Leib Christi,* damit ihr werdet, was ihr empfangt: *Leib Christi.*"

Ich werde dich zu einem großen Volk machen, dich segnen und deinen Namen groß machen. Ein Segen sollst du sein.
Gen 12,2

Auf dem Zweiten Vatikanischen Konzil hat man ein uraltes biblisches Bild von der Kirche zu neuem Leben erweckt, das Bild vom *(neuen) „Volk Gottes",* das „zwischen den Verfolgungen der Welt und den Tröstungen Gottes auf ihrem Pilgerweg" dahinschreitet. Mit dem alten Volk Gottes war das Volk Israel gemeint, mit dem Gott einen langen Weg gegangen war. Ohne das

Volk Israel zu vergessen, hat sich Jesus Christus nun ein neues Volk erschaffen, das Menschen aus allen Völkern und Kulturen mit auf den Weg zu Gott nimmt.

Wenn man heute die Kirche betrachtet, ist man erschlagen von dem, was in 2000 Jahren aus ihr geworden ist. Man könnte fast den Überblick verlieren. Manchmal betrachten wir die riesige *Institution,* sehen Kathedralen und Dome, Priester und Bischöfe, hören von der Kirchensteuer oder von der Caritas. Dann wieder betrachten wir die *geistliche Wirklichkeit* der Kirche, hören von Berufung und sehen Menschen, die beten oder ihr Leben Gott schenken. Beide Wirklichkeiten gehören zusammen: das *Geistliche* und die *Institution*. Ohne die Institution könnte die Kirche in der Welt nicht bestehen; sie braucht Geld, um helfen zu können, Räume, um sich zu treffen, und Menschen, die einen bestimmten Auftrag haben. Aber das Ganze wäre nur ein toter, geistloser Apparat, wenn das *Geistliche* – Gottes lebendige Wirklichkeit im Heiligen Geist – nicht das Herz der Kirche wäre.

Frage 138: Wie ist die eine, heilige, katholische und apostolische Kirche aufgebaut?

Frage 119: Was tut der Heilige Geist in der Kirche?

Lasst euch als lebendige Steine zu einem geistigen Haus aufbauen.
1 Petr 2,5

» Ja, es stimmt, die Skandale der Kirche sind und bleiben eine Schande und ein wirkliches Ärgernis. Dennoch sind sie kein zufällig aufgetretener Webfehler, den man mit ein bisschen Goodwill aus der Welt schaffen könnte. Schon Jesus ließ sich mit normalen bis gefährlichen Leuten ein, auf Augenhöhe mit dem Halbweltgeschöpf Maria Magdalena, dem Zollschinder Zachäus, mit einer ertappten Ehebrecherin, mit schlimmen Leuten wie Judas, seinem späteren Verräter, mit Petrus, der ihn verleugnete, ehe der Hahn dreimal krähte. Wenn zur Kirche nur Sauberfrauen und Saubermänner gehören dürften, wäre sie wahrscheinlich leer. Zumindest ich hätte keine Chance, in ihr jemals ein Plätzchen zu finden: Ich kenne mich, mir ist alles zuzutrauen.
Die konkrete Kirche ... ist kein Club der Vollkommenen, sondern sie ist nach Jesu Willen ein Ort für die langsame Veränderung von ganz normalen Menschen. Menschen, die auch einmal in den Sack hauen, die allerhand auf dem Kerbholz haben, die es dringend brauchen, dass sie beim Wickel gepackt und verbessert werden. Erfreulicherweise hat Jesus uns versichert: ‚Nicht die Gesunden brauchen den Arzt, sondern die Kranken. Ich bin gekommen, um die Sünder zu rufen, nicht die Gerechten.' (Mk 2,17) ...
Wir sind ja alle ein bisschen gehandicapt: Der eine hat es mit dem Geld, der andere mit der Wahrheit, der Dritte mit dem Sex, der Vierte ist ein unsicherer Kantonist, der Fünfte ist ein Sturkopf und der Sechste bin ich. Wir schreiten nicht im Triumphmarsch daher. Wir hinken, humpeln, schleichen uns voran. Aber wir gehen. Und das gemeinsam. Das ist die Kirche, in der es mir gefällt.

Bernhard Meuser, Christsein für Einsteiger

Y **Frage 123:** Was ist die Aufgabe der Kirche?

Die Kirche ist kein Selbstzweck. Gott hat nicht die geringste Freude an ihr, wenn sie nur um sich selbst kreist. Er hat sie um der Menschen willen eingerichtet. Sie soll „Zeichen und Werkzeug für die innigste Vereinigung mit Gott wie für die Einheit der ganzen Menschheit" (Lumen Gentium) sein. Die Kirche darf dabei eben nicht bei sich bleiben: *Sie muss den Menschen durch Liebe dienen:* „Was ihr für einen meiner geringsten Brüder getan habt, das habt ihr mir getan." (Mt 25,40)

B **Mt 25,40**

Ganz bei der Sache ist die Kirche, wenn sie drei grundlegende Aufgaben erfüllt: *Sie muss das Wort Gottes verkündigen:* „Verkünde das Wort, tritt dafür ein, ob man es hören will oder nicht; weise zurecht, tadle, ermahne, in unermüdlicher und geduldiger Belehrung." (2 Tim 4,2) Sie muss die Sakramente spenden und Gottesdienst feiern: Das sind die entscheidenden Orte, an denen Gott an uns arbeitet, uns verwandelt, uns befreit und erlöst.

Y **Frage 190:** Was ist ein christliches Gotteshaus?

B **2 Tim 4**

EINHEIT 9 GLAUBENSKURS

Warum lassen sich Christen taufen?

Hier geht es um

die Tatsache, dass normales Leben
aufhört, wenn es aufhört.
Wenn man aber Christ wird,
bekommt man in der Taufe ein Leben geschenkt,
ein königliches Leben,
das auch dann nicht mehr aufhört,
wenn morgen die Welt
untergeht.

Johann Wolfgang von Goethe (1749–1832) gilt als der bedeutendste deutsche Dichter.

Goethes Gedicht „Erlkönig" war zu seiner Zeit ein Gruselschocker. Ein Vater reitet mit seinem kranken Kind im Arm durch „Nacht und Wind". Das Kind wird unruhig, fühlt sich bedroht durch einen todbringenden Dämon, den Erlkönig. Der Vater versucht das verzweifelt schreiende Kind zu beruhigen, drückt es fester in seine Arme und treibt sein Pferd zu höchster Eile an. Die Ballade endet mit den Worten „(Er) ... erreicht den Hof mit Müh' und Not. In seinen Armen das Kind war tot."

Frage 197: Warum hält die Kirche an der Praxis der Kindertaufe fest?

Was bewegt junge Eltern, wenn sie ihr Baby in den Arm nehmen, um es zur Taufe zu bringen? Es ist eine existenzielle Ahnung, die viel mit dem „Erlkönig" zu tun hat. Ihnen wurde ein unschuldiges Wesen anvertraut. Es ist die tiefste Sehnsucht ihrer Liebe, dieses Kindchen vor allem zu bewahren, was ihm schaden könnte. So wenden sie sich an Gott, den Herrn des Lebens, und bitten um seinen Segen. Das ist für viele die Taufe.

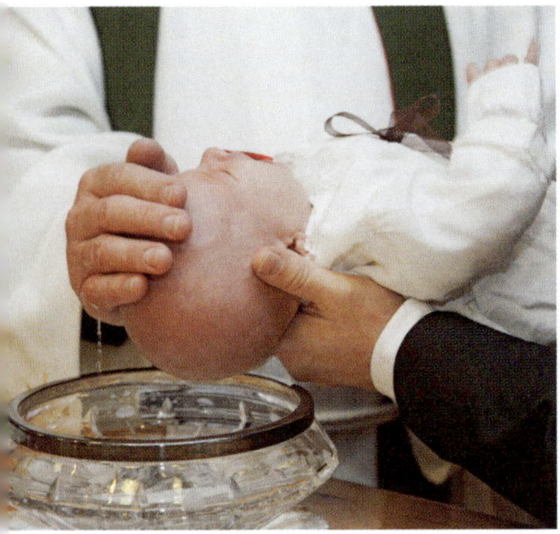

Ist das nicht bloß frommes Wunschdenken? Was ist mit all den Müttern, deren Kinder in den Krieg geschickt wurden, um von dort nicht mehr zurückzukehren? Gehen wir nicht alle dem Tod entgegen? „In den Armen das Kind war tot" – müssen wir das nicht oft genug erleben? Das Leben hat wunderschöne Seiten, aber wir können nichts wirklich festhalten; alles ist bedroht. Und weil es die Sünde gibt, richten wir uns auch noch gegenseitig zugrunde. Ist da nicht alle Liebe, alles

Die Taufe ist ein Geschenk, ja das Geschenk des Lebens. Ein Geschenk muss jedoch angenommen, muss gelebt werden. Ein Geschenk der Freundschaft bringt es mit sich, Ja zu sagen zum Freund und Nein zu sagen zu allem, was mit dieser Freundschaft unvereinbar ist, was mit dem Leben der Familie Gottes, mit dem wahren Leben in Christus unvereinbar ist.

Papst Benedikt XVI.

Behütenwollen (mit und ohne göttliche Hilfe) letztlich für die Katz?

Die „Taufe" muss mehr sein als ein frommer Wunsch. Sie muss mehr sein als eine rituell aufgeladene Sentimentalität eines Onkel- und Tantenfestes rund um ein süß herausgeputztes Baby, das nicht weiß, wie ihm geschieht. Sonst könnte man sie sich sparen.

Frage 194: Was ist die Taufe?

Frage 198: Wer kann die Taufe spenden?

Schauen wir einmal nach Mali. Vor noch nicht allzu langer Zeit bereitete dort ein Priester 40 Erwachsene auf die Taufe vor. In den letzten Wochen der dreijährigen Vorbereitung lebten sie in der Nähe der Kirche. Das blieb nicht verborgen. In einer Nacht bekam der Seelsorger heftige Drohanrufe von militanten Islamisten: Wenn diese Leute getauft würden, könne man für nichts garantieren. Der Priester stellte den Leuten frei, zu gehen. Sie berieten unter sich. Keiner

2.26: Was sind die Ursprünge des Islam?

ging. Einer sprach für alle: „Wir möchten getauft werden – mit Wasser oder mit Blut!" Sie wurden getauft – mit Wasser. 40 erwachsene Menschen riskierten buchstäblich Kopf und Kragen, um getauft zu werden. Und wenn ein Kommando mit Maschinengewehren, Benzinkanistern und Brand-

Bluttaufe ist ein anderes Wort für Martyrium. Verfolgte Christen in der Römerzeit wurden oft Löwen zum Fraß vorgeworfen. Waren sie noch nicht getauft, galt ihr Martyrium als „Bluttaufe".

sätzen in die Kirche einfallen würde? Dann würden sie die „Bluttaufe“ empfangen und wären auf diese Weise mit Christus verbunden worden. Für die Christen in Mali war die Taufe etwas, das jeden Preis rechtfertigt, sogar das eigene irdische Leben.

Frage 195: Wie wird die Taufe gespendet?

* ن: Die Terrormiliz Islamischer Staat kennzeichnete 2014 in Mossul mit diesem Buchstaben Häuser von Christen (die sie als نصراني *naṣrānī*, „Nazarener“ bezeichnet). Er wurde daher zum Symbol für die Christenverfolgung, aber auch für Solidaritätsbekundungen von Nutzern sozialer Netzwerke im Internet mit den verfolgten Christen. **Wikipedia**

Mt 28,19
Mk 16,16

Und sie hatten recht. *Die Taufe schenkt Leben für immer.* Das ist christliche Lehre. Dafür verbürgt sich die Kirche. Und sie folgt darin Jesus, der in Mt 28,19 die Taufe fordert und sie in Mk 16,16 („Wer glaubt und sich taufen lässt, wird gerettet …“) zum Eingangstor in das wahre Leben gemacht hat. Das ist das große Hauptportal. Natürlich hat Gott auch noch Wege für Menschen, die nicht zur Taufe finden. Seither macht es die Kirche wie einst Petrus in der Apostelgeschichte; sie fordert die Menschen zum Glauben auf und ruft ihnen unaufhörlich zu: „Kehrt um und jeder von euch lasse sich auf den Namen Jesu Christi taufen zur Vergebung eurer Sünden; dann werdet ihr die Gabe des Heiligen Geistes empfangen.“ (Apg 2,38)

Im Jahr 177 wurde in Lyon eine Gruppe von Christen umgebracht, unter ihnen der Diakon Sanctus. Der Richter fragte ihn nach Namen, Herkunft, Beruf. Sanctus gab immer nur eine Antwort: „Ich bin ein Christ.“

Es mag Leute geben, denen das bizarr erscheint: Warum sollte ich um alles in der Welt mit diesem Jesus verbunden sein, ihn sogar in der Taufe wie eine Art Kleid anziehen (Gal 3,27)? Die Antwort ist einfach: Weil Jesus die einzige Brücke zwischen Tod und Leben ist. Um einen drastischen Vergleich zu bringen: Die

Taufe ist so etwas wie das letzte Flugzeug aus dem Kessel von Stalingrad. Wir Menschen befinden uns alle im Kessel des Todes. Wir werden dem Verhängnis, das wir uns durch Sünde und Bosheit zu einem guten Teil selbst zugezogen haben, nicht entrinnen. Aber es kommt jemand freiwillig in den Kessel.

Frage 200: Was geschieht in der Taufe?

In Jesus Christus stieg Gott in die Todeszone, um das volle Maß der Leiden mit uns Menschen zu teilen, um unsere Sünden auf sich zu nehmen und uns einen Ausweg aus dem Land des Todes zu eröffnen. Dieser Ausweg heißt Auferstehung. Jesus ist der Erste, der gestorben ist – *und dennoch lebt.* Das Seitenstück zur

Frage 199: Ist die Taufe tatsächlich der einzige Weg zum Heil?

Auferstehung Jesu ist die Taufe. Darin werden wir mitgenommen aus dem Land des Todes in das Leben ohne Ende. Und so kann man den kühnen Vergleich wagen: Die Taufe ist wie das rettende Flugzeug aus dem Kessel von Stalingrad. Wer sagt das? Der Römerbrief: „Wisst ihr denn nicht, dass wir, die wir auf Christus Jesus getauft wurden, auf seinen Tod getauft worden sind ... Wenn wir nämlich mit der Gestalt seines Todes verbunden wurden, dann werden wir es auch mit der seiner Auferstehung sein.“ (Röm 6,3–5)

Röm 6,3–5

EINHEIT
10
GLAUBENSKURS

Warum lassen sich Christen firmen?

Hier geht es um

das Abenteuer des Glaubens.
Es ist der Heilige Geist,
der dir Mut macht
und der dir die Kraft gibt,
dich kopfüber
hineinzustürzen.

Über das Sakrament der Firmung gibt es einen bösen Kalauer. Zwei Pfarrer unterhalten sich über die Fledermausplage in ihren Kirchen: „Ich hab wirklich schon alles ausprobiert", sagt der eine Pfarrer, „ich krieg sie einfach nicht weg!" Der andere Pfarrer winkt ab: „Nichts einfacher als das. Ich habe sie gefirmt. Am Tag darauf war keine mehr von ihnen da!"

Y **Frage 203:** Was ist die Firmung?

INITIATION (lat.: Einführung)

In diesem Witz steckt mehr als ein Körnchen Wahrheit. Die Firmung ist mit der Taufe und der Eucharistie (Erstkommunion) eines von drei INITIATIONSSAKRAMENTEN der Kirche; manche sprechen auch vom „Sakrament der Eingliederung in die katholische Gemeinschaft" oder vom „Sakrament der Mündigkeit". Da wirkt es dann wie ein Hohn, wenn man Jugendliche mit sanftem Nachdruck zu einem Sakrament hinschiebt, das sie offenkundig nicht wollen oder mit dem sie scheinbar nichts anfangen können. Sonst wären sie am nächsten Tag nicht weg. Die einen reden

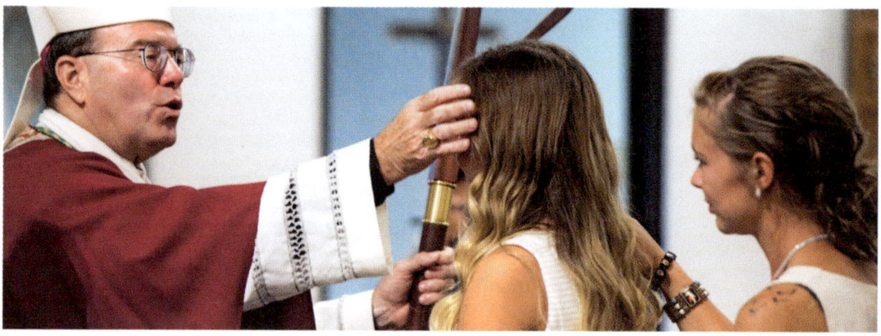

von einer institutionalisierten „Lüge" und verlangen, dass man diese „Farce" sofort abstellt; andere sind vorsichtiger und geben zu bedenken, man könne nie wissen, was bei den Jugendlichen „hängenbleibt" vom Heiligen Geist.

Y **Frage 204:** Was sagt die Heilige Schrift über das Sakrament der Firmung?

Offenkundig sind wir Lichtjahre von Sinn und Ursprung der Firmung entfernt, wenn wir den Mechanismen eines leeren Rituals nicht glauben entrinnen zu können. Schauen wir einfach auf das Neue Testament und die Praxis der Alten Kirche! In Samarien, im heutigen Westjordanland, hatten Menschen zu Christus gefunden. „Als die Apostel in Jerusalem (das) hörten, schickten sie Petrus und Johannes dorthin. Diese zogen hinab und beteten für sie, sie möchten den Heiligen Geist empfangen. *Denn er war noch auf keinen von ihnen herabgekommen;* sie waren nur auf den Namen Jesu, des Herrn, getauft. Dann legten sie ihnen die Hände auf und sie empfingen den Heiligen Geist." (Apg 8,14–17)

Y **Frage 118:** Was geschah an Pfingsten?

Apg 8

Auch Paulus „firmt", und zwar in der luxuriösen Handelsmetropole Ephesus: „Er traf einige Jünger und fragte sie: *Habt ihr den Heiligen Geist empfangen,* als ihr gläubig wurdet? Sie antworteten ihm: Wir haben noch nicht einmal gehört, dass es einen Heiligen Geist gibt. Da fragte er: Mit welcher Taufe seid ihr denn getauft worden? Sie antworteten: Mit der Taufe des Johannes. Paulus sagte: Johannes hat mit der Taufe der Umkehr getauft und das Volk gelehrt, sie sollten an den glauben, der nach ihm komme: an Jesus. Als sie das hörten, ließen sie sich auf den Namen Jesu, des Herrn, taufen. Paulus legte ihnen die Hände auf und der Heilige Geist kam auf sie herab; sie redeten in Zungen und weissagten." (Apg 19,2–7).

3.37: Steigt der Heilige Geist bei der Firmung ein zweites Mal auf uns herab?

Apg 19

Wir alle sorgen dafür, dass unser Kinder getauft werden, und das ist gut, aber vielleicht sorgen wir nicht so sehr dafür, dass sie die Firmung empfangen. Auf diese Weise bleiben sie auf halbem Wege stehen und empfangen nicht den Heiligen Geist, der im christlichen Leben so wichtig ist, weil er uns die Kraft gibt voranzugehen.

Papst Franziskus

Frage 207: Wer darf firmen?

Was ist Sache? Ein Firmspender hat es einmal auf die etwas populistische Formel gebracht. Mit der Taufe steht das Auto da – mit der Firmung kommt der Sprit. Sprit kommt übrigens von *spiritus* = Geist.

> Der Heilige Geist bewirkt in unserem Leben, dass Unmögliches möglich und dass Mögliches unmöglich wird. **Jakob Abrell** (1934–2003)

Wir erfahren schon im Neuen Testament von zwei geistlichen Wirklichkeiten, die innerlich zusammenhängen, die zusammen eine runde Sache sind, die aber doch getrennt vermittelt werden. Vielleicht kann man es so sagen: Die Taufe ist mehr ein Jesus-Sakrament; sie schweißt uns Menschen mit dem auferstandenen Herrn so tief zusammen, dass wir ihm und den anderen Christen „ein Leib" sind (was wir in der Eucharistie feiern). Die Firmung ist mehr ein Geist-Sakrament. In der Firmung werden wir mit dem Heiligen Geist – der auch der Geist Jesu ist – begabt.

Frage 59: Wozu hat Gott den Menschen geschaffen?

Ihr sollt euer altes Leben wie alte Kleider ablegen. Zieht das neue Leben an, wie ihr neue Kleider anzieht. Jeder soll erkennen, dass ihr jetzt zu Gott gehört und so lebt, wie es ihm gefällt.

Eph 4,22–24 in einer neuen Übersetzung

In der Firmung werden wir zu *geistlichen* Menschen. Gott selbst nimmt Wohnung in den Schluchten unserer Seele. Von nun an leben wir aus einer Quelle, die tiefer ist als unsere tiefsten Gedanken. Wir erfahren einen Antrieb in uns, der jede Willenskraft toppt. In uns lebt Gott, liebt Gott, atmet Gott. Und so gehören wir nicht mehr äußerlich zu Jesus – etwa, weil wir ihn gut finden, weil wir seine Fans sind, weil wir seinen Lehren zustimmen. Nein, als geistliche Menschen – als Menschen, die aus dem Geist leben – sind wir in einer echten „Beziehung" mit ihm. Wir gehören ihm.

Bischof Stefan Oster sagte einmal in einer Firmpredigt: „IHM gehören heißt nicht einfach: Wir hängen an seinem Hundehalsband und er zieht uns hinter sich her. Ihm gehören heißt: Wir sind Freunde von ihm. Wir sind Kinder Gottes. Wir gehören zu ihm, weil wir uns auch in Freiheit zu ihm entschieden haben." Und weiter sagt er den Firmlingen: „Werdet Beziehungsspezialisten für die Beziehung mit Gott und helft anderen, in diese Beziehung zu finden. Wir sollen Beziehungsspezialisten sein für die Beziehung mit Gott, weil wir immer besser lernen, wie man mit Gott in Beziehung lebt, wie diese Beziehung wächst, wie wir selber darin wachsen, wie wir selber davon getragen sind. Und wir sollen helfen, andere Menschen mit in diese Beziehung hineinzunehmen."

Y **Frage 286:** Was ist Freiheit, und wozu ist sie da?

Y **Frage 340:** Wie verhält sich die Gnade Gottes zu unserer Freiheit?

Im selben Maß, wie einer die Kirche liebt, hat er den Heiligen Geist.

Hl. Augustinus (354–430)

EINHEIT

11

GLAUBENSKURS

Wie versöhnt uns Gott mit sich und den anderen?

Hier geht es um

die Frage, warum
selbst der Papst beichten geht
und warum man
nicht Christ sein kann,
wenn man alles nur
mit sich selbst
ausmacht.

Frage 67: Was ist Sünde?

Frage 315: Was ist überhaupt eine Sünde?

1 Kor 15,3

Frage 290: Wie hilft Gott uns, freie Menschen zu werden?

Es scheint, als lebten wir im Zeitalter der universellen Entschuldigungen. Was auch immer passiert – es waren die Eltern, die Umstände, die Politik oder der Nachbar. Wir befassen uns gerne mit Sünde und Schuld, aber nur, wenn es andere betrifft.

Psychologen weisen zurecht darauf hin, dass man keine starke Persönlichkeit aufbauen kann, wenn man sich fortwährend selbst zerfleischt und so gar nicht in der Lage ist, sich anzunehmen und gut zu fühlen. So weiß man heute, wie wichtig es ist, Kindern von Anfang an Anerkennung zu schenken. Aber muss man deshalb das Thema Sünde ausklammern? Immerhin heißt es im Neuen Testament, Christus sei „für unsere Sünden gestorben" (1 Kor 15,3). Noch hängen Kruzifixe in Schulzimmern und Gerichtssälen. Ist das nur ein Relikt aus einer dunklen Zeit?

Der Abschied von der Sünde begann im 19. Jahrhundert **Friedrich Nietzsche**, der radikale Philosoph, hatte etwas gegen „Sünde"; er hielt sie für ein krank machendes „jüdisches Gefühl und eine jüdische Erfindung" – typisch für eine „Sklavenreligion". Man habe die Sünde benutzt, um „Zerknirschung, Entwürdigung, Sich-im-Staube-Wälzen" zu erzeugen und Menschen damit zu demütigen. „Nur wenn du bereuest, ist Gott dir gnädig", sei einem „gesunden Griechen" nie in den Sinn gekommen. Nietzsche empfahl „Unbekümmertheit um die natürlichen Folgen der Sünde"; er träumte von der vitalen Schönheit und Kraft der gewissenlosen blonden Bestie: „Das Tier muss wieder heraus, muss wieder in die Wildnis zurück; römischer, arabischer, germanischer, japanischer Adel, homerische Helden, skandinavische Wikinger – in diesem Bedürfnis sind sie sich alle gleich."

Was die Nazis daraus machten, ist bekannt. Sünde gab es im Nationalsozialismus nur als „Sünde gegen Blut und Rasse". Völkische Ideologen trugen dafür Sorge, dass die Menschen ihr Gewissen los und blind wurden für alle realen Faktoren der Entmenschlichung. Da standen dann bald blonde „Übermenschen" an der Rampe und schauten teuflisch lächelnd zu, wie „Untermenschen" in Viehwaggons geladen wurden zum Abtransport in die Gaskammern. So viel sollte klar sein: Sünde inhaltlich zu entkernen, sie auf die leichte Schulter zu nehmen, sie lächerlich zu machen, sie aus der menschlichen Existenz auszuklammern ist eine Lüge, oft genug eine Lebenslüge. „Wenn wir sagen, dass wir keine Sünde haben, führen wir uns selbst in die Irre und die Wahrheit ist nicht in uns" (1 Joh 1,8). Die Folgen sind dramatisch. Die Lüge war/ist übrigens die *Ursünde*, wie man im Buch Genesis nachlesen kann. Das Johannesevangelium kennt den „Vater der Lüge" (Joh 8,44) und hält ihn für den „Mörder von Anfang an" (Joh 8,44). Es ist der Teufel. Es gibt keinen Grund, ihn zu verharmlosen und „Teufelchen" zu spielen.

Y **Frage 297:** Kann man sein Gewissen bilden?

Y **Frage 312:** Wodurch weiß ein Mensch, dass er gesündigt hat?

Gen 1

Joh 8,44

Die schönste List des Teufels ist, uns zu überzeugen, dass es ihn nicht gibt.

Charles Baudelaire (1821–1867)

Frage 453: Was hat unser Verhältnis zur Wahrheit mit Gott zu tun?

Bis dahin gehen viele Menschen mit. Aber sie verstehen nicht, was die Sünde denn mit Gott zu tun hat. Nehmen wir einmal eine kleine Konstruktion zu Hilfe. Ersetzen wir das Wort „Gott“ durch das Wort „das Absolute“ – und nehmen wir noch ein paar Eigenschaften hinzu: das absolut Schöne, der absolut Wahre, der absolut Gute. Gott kann man nicht definieren, aber sosehr er auch über alles innerweltlich Gute, Wahre und Schöne hinaus ist, so sehr sieht doch alles, was nicht gut, nicht wahr und nicht schön ist, irgendwie *absolut unmöglich* neben Gott aus. Nun sind wir Menschen immer zu Kompromissen geneigt. Stellen wir uns einmal vor, es gäbe eine Welt, in der Harvey Weinstein in letzter Instanz sagen dürfte: „Ich finde das aber schön!“, Donald Trump in letzter Instanz: „Ich finde das aber wahr!“, und Monsanto in letzter Instanz: „Wir finden das aber gut!“.

> Es darf auf der ganzen Welt niemanden geben, und mag er selbst gesündigt haben, soviel er nur sündigen konnte, der von dir fortgehen müsste, ohne Erbarmen bei dir gefunden zu haben, wenn er Erbarmen wollte.

Franziskus von Assisi (ca. 1181–1226)

Frage 232: Was muss ich in eine Beichte einbringen?

Nun gibt es aber Gott. Er ist uns absolut nicht fern. Er ist uns so wenig fern, dass ihn alles, was hier menschlich schiefläuft, *absolut* trifft – ja so ins Herz trifft, dass er alles gibt, sogar seinen eigenen Sohn, um die Welt zu reparieren, das Gute, das Wahre, das Schöne wiederherzustellen, uns mit ihm und untereinander zu versöhnen. Aber Gott ist nicht nur unter den Opfern der Sünde, wenn sie in die Waggons nach Auschwitz geladen werden. Gott hat auch eine Lösung für die Sünder. Für kleine, Mittelklasse- und große Sünder, und sogar für die Leute mit den Schaftstiefeln, die eine Sorte von

Unheil anrichten, das ihre Wiedergutmachungsmöglichkeiten unendlich übersteigt. Gott selbst ist es, der uns mit sich versöhnt durch Jesus Christus, „der Frieden gestiftet hat am Kreuz durch sein Blut." (Kol 1,22)

Kol 1,22

Wir *müssten* zahlen. Er zahlt. Von uns ist nur eines verlangt: das Bekenntnis unserer Sünden. „In ihm haben wir ... die Vergebung der Sünden." (Eph 1,7)

Frage 150: Kann die Kirche Sünden vergeben?

Eph 1,7

Dass wir „in seinem Namen Vergebung der Sünden erlangen", ist das Bekenntnis, das die Apostel als Taufbekenntnis verlangten. Wenn diese Vergebung von Jesus nur als allgemeine Wahrheit verkündet worden wäre, hätte sie mit dem Bekenntnis zu seinem Namen nichts zu tun. Wenn wir die Lektion gelernt haben, könnten wir den Lehrer vergessen. Jesus würde, wie Sokrates, sagen: Kümmert euch nicht um Jesus, kümmert euch um die Wahrheit. Aber der Apostel schreibt: „In *Ihm* haben wir die Vergebung der Sünden."

Robert Spaemann (1927–2019), dt. Philosoph

EINHEIT 12 GLAUBENSKURS

Warum ist die Heilige Messe das zentrale Ereignis der Kirche?

Hier geht es um

die verblüffende Feststellung,
dass katholische Christen
von einem Stück Brot glauben,
dass es Jesus Christus ist.
Fragt sich nur,
warum.

Frage 219: Wie häufig muss ein katholischer Christ an der Eucharistiefeier teilnehmen?

Wenn man auf der Straße jemand fragt, was typisch katholisch ist, bekommt man zu hören: „Die müssen jeden Sonntag in die Kirche gehen." Nun ist das mit dem Müssen so eine Sache. Muss man seine Frau küssen? Man kann das auch lassen. Aber was ist eine Liebe wert, die sich nicht in Zärtlichkeit zeigt? Ähnlich schwer wiegt die Frage: Wo ist denn dein Christentum, wenn du dort nicht hingehst, wo

Jesus sich mit dir treffen möchte? Mein Christentum ist dort – könnte eine moderne Antwort lauten –, wo ich es will. Aber ist es wirklich so, dass wir die entscheidenden Dates im Leben selbst ausmachen? Wir entscheiden weder, ob es uns gibt, noch, wann wir geboren werden, noch, wer unsere Eltern sind. Gott folgt nicht unseren Kommandos. Er stellt sich auch nicht auf Befehl im Wald ein, wenn uns gerade nach ihm ist. Wer Jesus begegnen möchte, tut gut daran, sich auf Orte, Zeichen und Zeiten einzustellen, die uns von IHM her eröffnet werden.

» Dem Gottesdienst

Frage 168: Warum hat die Liturgie Priorität im Leben der Kirche und des Einzelnen?

Was hat Jesus aber mit dieser unverständlichen Sonntagsveranstaltung in der kalten Kirche zu tun? Das muss man erklären. Und muss zugeben: Es könnte wirklich manchmal deutlicher werden, was da in Wahrheit geschieht. Wo fangen wir an? Vielleicht damit: Die Heilige Messe ist nicht *eine Art von Gottesdienst* neben anderen, nur eben ein bisschen feierlicher, so dass man aus einem Sortiment von

Angeboten auswählen könnte. Die Heilige Messe läuft außer Konkurrenz. Sie ist einzigartig und es ist keine Geschmacksfrage, ob ich jetzt lieber eine Heilige Messe oder eine Meditation in der Krypta vorziehe. Um ihren USP auf den Punkt zu bringen: In der Heiligen Messe bekommst du den Leib Christi dargereicht und – indem du ihn konsumierst – wirst du selbst „Leib Christi“. „Leib Christi“ ist nur ein anderer Name für Kirche. Niemand kann also sagen: Ich will zur Kirche gehören, aber ich will mich nicht einverleiben lassen. Das wäre absurd.

Frage 126: Was heißt: „Die Kirche ist der Leib Christi“?

USP
Unique Selling Point = Alleinstellungsmerkmal

Aber ist das nicht ein Schauspiel über etwas Vergangenes, wie bei den Passionsfestspielen in Oberammergau? Nein, in Oberammergau wird nicht gestorben, soviel Theaterblut dort auch vergossen wird. In der Heiligen Messe wird das Opfer Christi am Kreuz neu für uns wirklich. Der Priester führt nicht das erbauliche Lehrstück „Letztes Abendmahl“ auf. Es findet statt. Wir nehmen daran teil. Nicht irgendwie in Gedanken. Real.

Frage 216: Auf welche Weise ist Christus da, wenn Eucharistie gefeiert wird?

soll nichts vorgezogen werden. **Hl. Benedikt von Nursia** (ca. 480–547)

Jetzt ist die Zeit gekommen, dass wir uns die erstaunlichsten Dinge einmal aus der Nähe anschauen. Kameraschwenk in den Abendmahlssaal: Es ist die Nacht, in der Jesus ausgeliefert werden soll – und es ist Vorabend von Pascha. Jesus tut, was jeder jüdische Hausvater an diesem Abend getan hätte. Er versammelt die Seinen um sich – in diesem Fall die „Zwölf“, – um eine Art Opferliturgie, die „Eucharistie“ (= Dank-

Frage 127: Was ist Liturgie?

sagung), zu feiern. Aber indem er es tut, wählt Jesus ein paar abgründige Worte, bei denen den Aposteln das Blut in den Adern gefrieren musste. Er betet und opfert, aber er spricht über das Brot die Worte: „Das ist *mein Leib*, der für euch hingegeben wird." (Lk 22,19) Wie bitte? Er macht *sich* zum Opfer. Wenn das ein Hohepriester mitbekommen hätte! Und es kommt noch schlimmer: Jesus nimmt den Kelch mit Wein und sagt: „Dieser Kelch ist der Neue Bund *in meinem Blut*, das für euch vergossen wird." (Lk 22,20) Wenn man sich das vorstellt: Der Bund der zwölf Stämme mit Gott war für Israel das Heiligste. Und nun kommt Jesus und begründet wieder mit einer Zwölfzahl von dahergelaufenen Fischern einen Neuen Bund. Und gründet diesen Bund auf sein Blut. Und die Apostel sollten essen und trinken, um in diesen Bund aufgenommen zu werden. Das ist ja Hochverrat! Was macht ihr Meister da? „Tut dies zu meinem Gedächtnis!" (1 Kor 11,24) Was soll das? Und was bedeutet: „Von nun an werde ich nicht mehr von der Frucht des Weinstocks trinken, bis das Reich Gottes kommt" (Lk 22,18)? Ich könnte mir vorstellen, dass ein Judas für sich dachte: Der Mann ist ja vollkommen übergeschnappt.

Lk 22,19

Lk 22,20

Y **Frage 99:** Was geschah beim Letzten Abendmahl?

1 Kor 11,24

Lk 22,18

Man muss sagen: Die Apostel *konnten* nicht verstehen, was Jesus damit sagen wollte. Erst nach dem Bluttag von Golgotha, nach dem leeren Grab, nach den Begegnungen mit dem Auferstandenen, der das Brot mit ihnen brach, sollten sie wissen, was Jesus meinte mit der Hingabe seines Leibes, dem Vergießen seines Blutes für uns, dem Neuen Bund und damit dem Anfang einer von Jesus ausgehenden neuen Geschichte Gottes mit den Menschen. Es ist erschütternd zu sehen, wie schon die frühen Christen am Sonntag zusammenkamen, um die Mahlliturgie zu halten und aus der Selbstverteilung Jesu zu leben. Noch immer entspringt die Kirche aus der Eucharistie. Bitte hingehen.

Y **Frage 208:** Was ist die heilige Eucharistie?

Y **Frage 220:** Wie muss ich vorbereitet sein, um die heilige Eucharistie empfangen zu können?

3.44: Warum ist die Messe so langweilig?

» Wer die heilige Eucharistie empfängt, verliert sich in Gott wie ein Wassertropfen im Ozean. Man kann sie nicht mehr voneinander trennen. Wenn nach der Kommunion uns jemand mit der Frage überraschte: „Was tragt ihr mit euch nach Hause?“, so könnten wir antworten: „Wir tragen den Himmel mit uns fort.“ Das trifft genau zu. Doch unser Glaube ist nicht groß genug. Wir begreifen unsere Würde nicht. Wenn wir vom heiligen Tisch weggehen, sind wir so glücklich, wie es die drei Weisen aus dem Morgenland gewesen wären, wenn sie das Jesuskind mit sich forttragen hätten können.

Hl. Jean Marie Vianney (1786–1859), Pfarrer von Ars

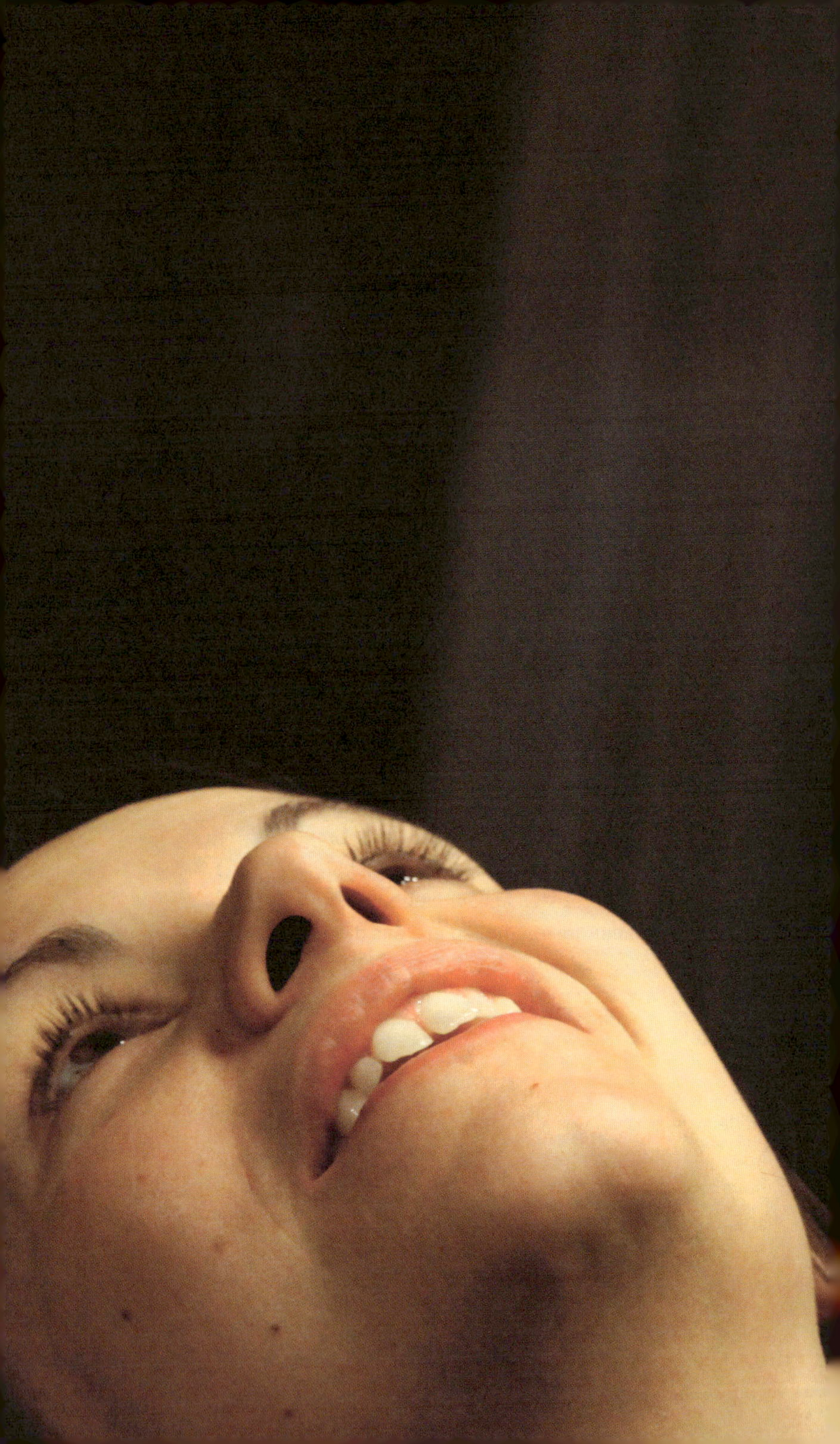

EINHEIT
13
GLAUBENSKURS

Wie beruft Gott?

Hier geht es um

die Optimierung meiner Biographie.
Christen entwerfen sie
nicht am Reißbrett,
sondern im Hören auf Gott.
Was will Gott von mir?
Wozu bin ich da?

Frage 18: Welche Bedeutung hat das Neue Testament für Christen?

Frage 8: Wie offenbart sich Gott im Alten Testament?

Gen 12,2

In alten Religionen sind die „Götter" meist schweigende, launische Gestalten. Wenn das Wetter nicht stimmt, die Ernte ausbleibt und Kriegspläne versagen, weiß man, dass die Götter zürnen. Man muss sie anrufen, sie beschwören, bei den Opfern ein bisschen nachlegen, dann funktioniert die Welt wieder. Selbst unter Christen findet man noch Reste dieses primitiven Gottesbildes.

Dass Gott anders, ganz anders ist, als es sich die Leute gerne ausmalen, dämmerte der Menschheit vor einigen tausend Jahren im Vorderen Orient. Bei Abraham taucht plötzlich ein Gott in Rufweite auf, ein Gott, der etwas *will* ... und nicht etwa Rauch-, Tier- oder gar Menschenopfer: „Geh fort aus deinem Land in das Land, das ich dir zeigen werde!" (Gen 12,1). Was Gott da will, ist komplett im Interesse dieses Nomadenfürsten. „Ein Segen sollst du sein" (Gen 12,2) Mit Abraham beginnt die endlose Geschichte eines Gottes, der sich segnend einmischt, indem er *ruft und beruft*, immer deutlicher auch aus dem Elend *herausruft*. Einzelne erfahren das, schließlich das Volk Israel, schließlich die ganze Welt. Ganz klar wird das bei Jesus Christus, der nicht nur Fischer zu Menschenfischern (Mk 1,17) – also zu einem besonderen Dienst – beruft, sondern eine Berufung für jeden einzelnen Menschen im Sinn hat: Er „will, dass alle Menschen gerettet werden und zur Erkenntnis der Wahrheit gelangen“ (1 Tim 2,4).

Mk 1,17

1 Tim 2,4

Jesu fundamentales Interesse ist es, Menschen in eine Beziehung der Kommunikation, der Liebe und Freundschaft zu Gott zu bringen. Und er bringt sich selbst auf göttliche Weise ins Spiel: „Kommt alle zu *mir*, die ihr mühselig und beladen seid!“ (Mt 11,28)

Mt 11,28

Mutter Teresa (1910–1997) hat intensiv über den zum Rufen nahen, *berufenden* Gott nachgedacht: „Für Gott bist du einzigartig. Er will dich ehren, indem er dich mit seiner Gegenwart erfüllt. Er hat dich berufen, du gehörst ihm. Wenn du das erkennst, kannst du jeden Fehler, jede Erniedrigung, jedes Leiden durchstehen – wenn du die persönliche Liebe Jesu für dich und deine für ihn erkennst.“

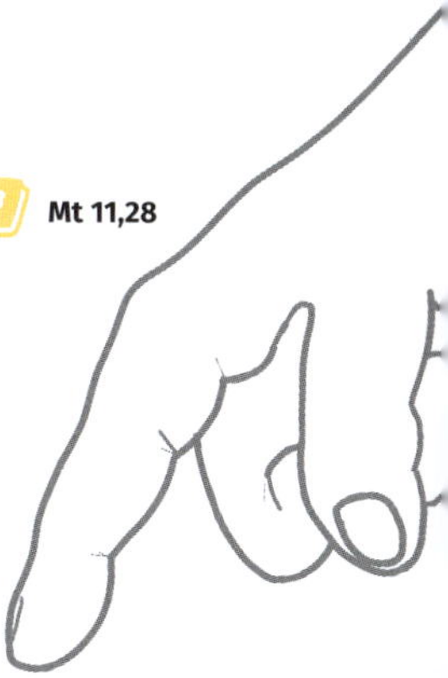

Übrigens hat jede Berufung ein eigenes Gesicht. Oft haben wir uns nicht ausgesucht, wozu uns Gott beruft und wohin er uns stellt. Ich kenne eine Frau, die von einem Sterbenden zum nächsten gerufen wird, weil

> Wenn du dazu berufen bist, Straßen zu kehren, dann kehre sie, wie Michelangelo Bilder malte oder Beethoven Musik komponierte oder Shakespeare dichtete. Kehre die Straße so gut, dass alle im Himmel und auf Erden sagen: ‚Hier lebte ein großartiger Straßenkehrer, der seinen Job gut gemacht hat!‘

Martin Luther King (1929–1968)

sie genial darin ist, Menschen hinüberzuhelfen in die Ewige Heimat. Heute weiß sie: „Es ist *meine* Berufung!"

Frage 1: Wozu sind wir auf der Erde?

Frage 342: Sollen wir alle „Heilige" werden?

Frage 137: Warum heißt die Kirche apostolisch?

Frage 11: Warum geben wir den Glauben weiter?

Nun gibt es nicht nur allgemeine Berufungen in der Kirche. Worin besteht die besondere Berufung eines Bischofs / eines Priesters? Die kürzeste Antwort ist: Er ist ein Nachfolger der Apostel. Er tut, was die Apostel taten. Im Neuen Testament finden wir eine Art Urstruktur der Kirche. Herr der Kirche ist für alle Zeiten Jesus Christus. Er ist der Handelnde. Er vergibt die Sünden. Er lehrt. Er heilt. Er opfert sich selbst. Um Jesus herum sind Jünger. Jesus hat sie in seine Nähe geholt und in eine Art Schule genommen. Sie schauen Jesus auf die Hand, sprechen mit ihm. Sie übernehmen seine Intentionen. Sie werden zu zwei und zwei gesandt „in alle Städte und Ortschaften, in die er selbst gehen wollte" (Lk 10,1). Diese Jünger nennt Jesus „nicht mehr Knechte", sondern „Freunde" (Joh 15,15). Die Jünger sind der Motor der Kirche – und es ist vielleicht der Schlüssel zur Kirchenkrise unserer Tage, dass es an Jüngern und Jüngerkreisen fehlt, an Leuten also, die aus einer persönlichen Christusbeziehung heraus in ihrer ganz normalen Umwelt im Einsatz Jesu sind. Man kann beim Thema Jünger an Ordenschristen denken, aber diese leben nur zeichenhaft, was *alle Jünger* realisieren sollen.

Frage 139: Worin besteht die Berufung der Laien?

1 Kor 23f.

Joh 20,23
2 Tim 4,2

Aus den Jüngern nun nimmt Jesus einige heraus – die Apostel. Er dreht sie gewissermaßen um – in Richtung Kirche und zu einem unersetzlichen Dienst an ihr. Sie tun in Stellvertretung das, was nur Jesus tun kann: die Kirche von den Sakramenten her aufbauen, vor allem das Brot brechen (1 Kor 23,24) und die Sünden vergeben („Denen ihr die Sünden erlasst, denen sind sie erlassen" (Joh 20,23), aber auch verkünden, „ob gelegen oder ungelegen" (2 Tim 4,2), und sie im Namen Jesu leiten. Die Öffentlichkeit stellt Priester heute vielfach in Frage, nicht nur wegen des Zölibats. Manche meinen, man könne eine Kirche auch ganz

> Der Priester ist eine Monstranz: Seine Aufgabe ist es, Jesus zu zeigen. Er selbst muss sich zurücknehmen und zulassen, dass man nur Jesus sieht.

Charles de Foucauld (1858–1916)

gut ohne Priester organisieren. Das ist aber falsch. Während man über den Zölibat reden kann, weil er ein von der Kirche verlangtes, „hochgradig angemessenes" Zeichen ist – die zölibatäre Lebensform ist immerhin die Lebensform Jesu –, ist eine priesterlose Kirche undenkbar; man würde ihre innere Matrix zerstören. Übrigens: Wo eine Kirche Jünger hervorbringt, kommen auch Berufungen zum Priestertum.

Y **Frage 259:** Wodurch unterscheidet sich das allgemeine Priestertum aller Gläubigen vom Weihepriestertum?

EINHEIT 14 GLAUBENSKURS

Was bedeutet zölibatäres Leben in der Kirche?

Hier geht es um

das Rätsel, warum
Don Camillo voll Liebe und
keineswegs einsam war.
Auch im wahren Leben sind Priester
Menschen der Beziehung:
Sie leben aus Gott.

Y **Frage 265:** Sind alle Menschen zur Ehe berufen?

Mt 19,12

Y **Frage 145:** Warum will Jesus, dass es Menschen gibt, die für immer ein Leben in Armut, eheloser Keuschheit und Gehorsam leben?

Mich wundert es immer, wenn Laien kein größeres Problem mit der Kirche haben als den „Zölibat". Kein Mensch zwingt Christen, dem Rat Jesu zu folgen, nämlich „um des Himmelreiches willen" (Mt 19,12) ehelos zu leben. Kein Christ muss ja so leben. Leider sind manche Ordensleute und Priester schlechte Werbung für den Zölibat. Einmal, auf einem Katholikentag, war ich Zeuge einer merkwürdigen Debatte. Der Leiter eines Priesterseminars stellte die These auf, der Zölibat müsse den Kandidaten Freude machen – ja sie müssten diese Lebensform (bei allen emotionalen Entbehrungen) wählen, weil keine andere für sie stimmig ist. Ein anderer Priester antwortete ihm mit zorngeschwellter Stirn, das sei ja wohl eine Unverschämtheit, welcher normale Mann hätte denn an so was Spaß. Der Mann mit der kühnen These blieb bei seiner Ansicht. Das Ganze war natürlich Antiwerbung.

Zunächst muss man sagen: Wenn Ordensleute ehelos leben, ist das unmittelbar einsichtig. Was Priester angeht, so gibt es in den unierten katholischen Kirchen von alters her auch verheiratete Priester. Die römisch-katholische Kirche fordert von ihren Bischöfen und Priestern seit etwa 1000 Jahren die ehelose Lebensweise ein – und könnte dieses Profil auch wieder ändern. Dafür müsste sie schon sehr gute Gründe haben. Zunächst muss man aber einmal feststellen, dass es nicht nur geistliche, sondern auch politische

» Ein großes Problem des Christentums der heutigen Welt ist, dass man nicht mehr an die Zukunft Gottes denkt: die bloße Gegenwart dieser Welt scheint ausreichend zu sein. Wir wollen nur diese Welt haben, nur in dieser Welt leben. So schließen wir die Tür für die wahre Größe unseres Lebens. Der Sinn des Zölibats als Vorwegnahme der Zukunft ist gerade das Öffnen dieser Tür, um die Welt größer werden zu lassen, die Wirklichkeit der Zukunft zu zeigen, die von uns schon jetzt als Gegenwart gelebt werden muss.

Papst Benedikt XVI.

Der katholische Priester verzichtet auf 1000, der verheiratete Mann auf 999 Frauen.

Gilbert Keith Chesterton (1874–1936)

Gründe gab für die Durchsetzung des Priesterzölibats. Hängen Blutsbande am Priestertum, so ist die Gefahr groß, dass das Heilige zum Erbstück und Familienbesitz wird. Es geht also „bloß" um ein Kirchengebot.

Zählen wir sie rasch auf, die Gründe, die gegenwärtig gegen den Zölibat sprechen. Da gibt es erstens den Missstand, dass einige diese Lebensform offenkundig ohne innere Überzeugung wählten. Da gibt es zweitens den Skandal des Missbrauchs, der bei vielen Außenstehenden den Eindruck weckt, Kleriker seien durch die Bank notgeil, was in keiner Weise stimmt. Unversehens wird aber in der öffentlichen Meinung aus dem großen Zeichen für die Existenz einer anderen Welt ein verheerendes Antizeichen, zumal es meist Jungen sind, die von Priestern missbraucht wurden. Anscheinend drängte es eine nicht unbedeutende Zahl von unberufenen Männern mit unreifer sexueller Entwicklung ins Amt. Hoffentlich haben die Verantwortlichen das er-

Y **Frage 386:** Warum schützt das Fünfte Gebot auch die körperliche und seelische Integrität eines Menschen?

kannt. Da gibt es drittens den Priestermangel, der auch der hohen Hürde der ehelosen Lebensweise geschuldet ist. Damit verbunden gibt es immer mehr Gemeinden, in denen nicht mehr regelmäßig Eucharistie gefeiert werden kann, weil kein Priester mehr da ist. Einige Diözesen haben fast gar keinen Priesternachwuchs mehr.

Frage 92: Wozu berief Jesus Apostel?

Es gibt also verschiedene Gründe, die dafür sprechen, den Zölibat für Priester freizustellen. Aber es gibt einen elementaren Grund, der für ihn spricht: Der Zölibat ist die Lebensweise Jesu. Jesus selbst lebte ganz für den Vater. Aus dieser einzigartigen Klammer mit dem Himmel war Jesus ganz für die Menschen da. Dass er nebenbei eine Geliebte namens Maria Magdalena hatte, am Ende gar verheiratet war, ist eine Erfindung von B-Klasse-Schriftstellern. Jesus selbst lud in diese provokante Ganz-für-Gott-Lebensform ein. Und schon in der frühen Kirche kam die Überzeugung auf, dass es für die Nachfolger der Apostel – das sind heute Bischöfe und Priester – gut ist, auch wie Jesus zu leben. In Jesus zerbricht die alte, im Kreis laufende Welt von Zeugen, Geborenwerden und Sterben; „die Gestalt der Welt vergeht" (1 Kor 7,31). Zölibatäre, denen es von Gott her in ihr Herz gelegt wurde (Mt 19,11: „Nicht alle können dieses Wort erfassen ..."), vollziehen die in Jesus angebrochene radikale Neuheit der kommenden Welt mit. Da ist Gott heute schon „alles", was der Mensch braucht. Einmal werden auch wir Teresa von Ávila verstehen: „Wer Gott hat, dem fehlt nichts. Gott allein genügt."

1 Kor 7,31
Mt 19,11

Frage 250: Wie versteht die Kirche das Weihesakrament?

Der auf eine fromme und glaubwürdige Weise zölibatär lebende Priester repräsentiert mit seiner ganzen Existenz Christus. Er ist kein Funktionär, der einen bestimmten Job macht, ab 5 Uhr den Rasen gießt und mit den Kindern Mikado spielt. Nach wie vor ist die Kirche über-

zeugt, dass Gott genügend Berufungen schickt, wo es nur den Humus echter Jüngerschaft und Nachfolge Christi gibt. Daran liegt es vielleicht, dass es mancherorts Priesterkandidaten in Hülle und Fülle gibt, während andernorts die Seminare vor sich hintrauern und die Ordenshäuser leer gähnen. Das Priesteramt zu verbürgerlichen, indem man eine normale Karrierechance und eine Planstelle für diplomierte Theologen daraus macht, kann jedenfalls nicht die Lösung sein.

Das Wort ZÖLIBAT sollte man übrigens abschaffen; es geht an der Sache vorbei. Es kommt von *caelebs* = alleinlebend. Das ist genau das, was dem Ehelosen um des Himmelreiches willen unter keinen Umständen passieren darf: dass er für sich lebt. Entweder er ist „in Beziehung", nämlich in einer entwicklungsfähigen Liebesgeschichte mit Gott – oder er verkommt zum verschrobenen Single. Der zeichenhaft gelebte „Zölibat" ist etwas Soziales, ist Liebe, ist Bindung, ist Gemeinschaft. Darum ist die Kühnheit zölibatären Lebens näher an der Kühnheit der Ehe als an der Bindungsunfähigkeit mancher Singles.

ZÖLIBAT

Frage 122: Wozu will Gott die Kirche?

4.2.1: Warum der Zölibat, wenn doch die Ehe so gut zum Menschen passt?

EINHEIT 15 GLAUBENSKURS

Was bedeutet Heiraten in der Kirche?

Hier geht es um

die Frage, warum man unbedingt
den Menschen finden sollte,
der es wert ist,
in die Kirche mitgenommen zu werden.
Vor den Traualtar
und auch sonst.

Frage 400: Was bedeutet es, dass der Mensch ein sexuelles Wesen ist?

Frage 64: Wieso hat Gott den Menschen als Mann und Frau erschaffen?

Frage 401: Gibt es einen Vorrang eines Geschlechts vor dem anderen?

Dass Gott den Menschen als *Mann und Frau* geschaffen hat, ist vielleicht eine seiner besten Erfindungen. Was wäre das für eine traurige Welt, wenn es Liebe und Erotik und all die faszinierenden Unterschiede zwischen Männern und Frauen nicht gäbe. 6500 Gene ticken in Männern und Frauen unterschiedlich. Trotzdem bedauert eine Frau die andere, die in einem reinen Frauenbüro arbeiten muss: „Nur Frauen, wie hältst du das nur aus!“ – „Nur Männer, wie öde ist das denn“, bedauert ein Mann seinen Kollegen, den es unter lauter Männer verschlagen hat. Gott hat Männer und Frauen nicht nur unterschiedlich geschaffen – er hat sie auch aufeinander hin erschaffen, so, dass sie sich ergänzen und zusammen ein Stück Ähnlichkeit mit Gott erahnen lassen.

» Die meisten Menschen haben Angst, dass sie ihre Freiheit verlieren, wenn sie lieben, und können nicht glauben, dass die Liebe gleichzeitig die größte Entwicklung der Freiheit bedeutet.

Erich Fromm (1900–1980)

Gott weiß wohl, dass Männer vom Mars und Frauen von der Venus sind; es ist, als wäre es ein Trick von ihm, dass er nur eine einzige Plattform gemacht hat, auf der Mann und Frau dauerhaft zusammenkommen: *Liebe*. Dass Liebe zwischen Mann und Frau in der Ehe mündet, ist keine Erfindung von Schwiegermüttern; es liegt im Wesen des Menschen und im Wesen der Liebe selbst, sich vorbehaltlos zu binden.

Liebe ist etwas sehr Tiefes – ein Zustand, in dem einem Menschen dieser andere Mensch erscheint, der jeden Preis, sogar das eigene Leben, wert ist. Liebe macht, dass man sich verrückterweise endgültig an einen anderen verschenkt – ohne nähere Konditionen. Wenn ich krank werde? Egal! Wenn ich eines Tages

Y **Frage 402:** Was ist Liebe?

Y **Frage 260:** Hat Gott Mann und Frau füreinander bestimmt?

grau bin? Für mich wirst du nie hässlich sein. Albert Camus sagte dazu: „Einen Menschen lieben heißt einwilligen, mit ihm alt zu werden." Liebe ist ein Geschenk. Geschenke nimmt man nicht zurück. Mann und Frau schaffen einen Raum der Wärme, in dem Kinder kommen und glücklich aufwachsen können.

» Jemanden zu lieben heißt, als Einziger ein für die anderen unsichtbares Wunder zu sehen.

Fjodor M. Dostojewski (1821–1881)

Y **Frage 418:** Welche Bedeutung hat das Kind in der Ehe?

Y **Frage 261:** Wie kommt das Sakrament der Ehe zustande?

Allerdings sagt Papst Franziskus: „*Ehe* ist auch tägliche Arbeit, ich könnte sagen: eine Handwerksarbeit, eine Goldschmiedearbeit, weil der Ehemann die Aufgabe hat, die Ehefrau mehr Frau werden zu lassen, und die Ehefrau ihren Ehemann mehr zum Mann werden lassen muss. ... Na ja, und so kann ich mir vorstellen, wie dich dann eines Tages auf der Straße im Dorf die Leute ansprechen und sagen: ‚Was für eine schöne, starke Frau! ...' – ‚Kein Wunder, bei dem Ehemann!' Und auch zu dir werden sie sagen: ‚Schaut ihn euch an! ...' – ‚Kein Wunder, bei der Ehefrau!' Und genau das ist es! Darum geht es: dass wir uns gemeinsam wachsen lassen, der eine den anderen."

» Du bist zeitlebens für das verantwortlich, was du dir vertraut gemacht hast.

Antoine de Saint-Exupéry (1900–1944)

Damit Bestand haben kann, was rein menschlich gesehen riskant ist, spenden sich Mann und Frau vor einem Priester das „Sakrament der Ehe". Das ist mehr, als jeder Ehevertrag leisten könnte. Gott bietet dem Paar einen Bund an; er bringt sich selbst in die Gemeinschaft von Mann und Frau ein und verbindet sie in der Tiefe seiner eigenen unwiderruflichen göttlichen Liebe: „Was aber Gott verbunden hat, das darf der Mensch nicht trennen." (Mt 19,6)

Y **Frage 424:** Was ist Ehebruch? Ist Ehescheidung in Ordnung?

B **Mt 19,6**

Bevor die beiden sich treue Liebe – „bis dass der Tod uns scheidet" – versprechen, muss klar sein, was zur Ehe gehört. Dazu gehört, was manche verwundern wird, Sex. Die Ehe kommt eben nicht nur durch ein Versprechen zustande, sondern auch, indem Mann und Frau miteinander schlafen und so „ein Fleisch" (Mt 19,5) werden. Und die Leute denken immer, Gott hätte mit Sex nichts am Hut!

Y **Frage 404:** Was ist keusche Liebe? Warum soll ein Christ keusch leben?

Wenn Jesus die Unauflöslichkeit der Ehe betont, legt er Menschen kein fesselndes Gebot auf; er befreit sie vielmehr dazu, die große Liebe nicht allein voneinander zu erwarten, sondern von ihm. Nur mit Gott ist der Satz aus dem Hohelied der Liebe wahr: „Die Liebe hört niemals auf" (1 Kor 13,8).

1 Kor 13,8

> Eine zerbrochene Ehe ist eine zerbrochene Welt.

Gertrud Fussenegger (1912–2009), österreichische Schriftstellerin

Und es gibt weitere *Bedingungen:* Die beiden müssen frei von Bindungen sein, wenn sie vor den Traualtar treten; und das Versprechen muss umfassend und öffentlich sein. Beide müssen zu ihrem Schritt aus freien Stücken bereit sein. Wenn einer der beiden zum Zeitpunkt der Eheschließung unter Zwang, Furcht, innerem oder äußerem Druck handelt, kommt es nicht zu einer gültigen Ehe. Man darf auch nicht „den Papa" oder „die Mama" heiraten oder weil man endlich aus dem Haus will. Man darf auch nicht kirchlich heiraten, wenn man insgeheim denkt: „Probieren wir's mal! Solange es hält, hält es!" Ebenso wenig kommt der sogenannte Ehekonsens (= gemeinsame Wille zur Ehe) zustande, wenn einer oder beide Partner im Traum nicht daran denken, außereheliche Liebschaften definitiv zu lassen. Und eine letzte Hürde gibt es noch: Beide müssen offen sein für Kinder. Wenn einer heimlich denkt: „Nicht mit mir!", kommt es nicht zur Ehe.

Frage 417: Welchen Sinn hat die sexuelle Begegnung in der Ehe?

Frage 262: Was gehört notwendig zu einer christlich-sakramentalen Ehe?

Leg mich wie ein Siegel auf dein Herz,
wie ein Siegel auf deinen Arm,
denn stark wie der Tod ist die Liebe,
die Leidenschaft ist hart wie die Unterwelt!
Ihre Gluten sind Feuergluten,
gewaltige Flammen. **Hld 8,6**

Die ganze Schönheit und Größe der christlichen Ehe wird man aber erst entdecken, wenn man sie als Gleichnis für Gottes Treue und Hingabe begreift: „Ihr Männer, liebt eure Frauen, wie auch Christus die Kirche geliebt und sich für sie hingegeben hat ... Darum sind die Männer verpflichtet, ihre Frauen so zu lieben wie ihren eigenen Leib." (Eph 5,25.28a)

Eph 5,25

EINHEIT 16 GLAUBENSKURS

Was haben die Gebote mit der Liebe zu tun?

Hier geht es darum,

wie man gut und liebevoll handelt
und warum man dazu
ein paar flankierende Maßnahmen braucht,
um nicht auf sich selbst
hereinzufallen.

Frage 295: Was ist das Gewissen?

Frage 298: Wird jemand, der guten Gewissens falsch handelt, vor Gott schuldig?

Das Gewissen ist eine delikate Sache. Nicht wenige kommen ganz „ohne“ durchs Leben, was Stanislaw Lec zu seinem berühmtesten Bonmot verleitete: „Sein Gewissen war rein; er benutzte es nie.“ Andere benutzen ihr Gewissen sehr wohl; sie berufen sich aber vornehmlich dann darauf, wenn sie gerade im Begriff sind, die übelsten Taten zu begehen. Das Theater lebt im Kleinen davon, wie die Geschichte im Großen. Im Namen des persönlichen Gewissens wird gelogen, betrogen, verraten und die Ehe gebrochen. Es gibt keine Sünde, die nicht irgendjemand „mit bestem Gewissen“ begangen hat – und unter Umgehung der Gebote.

Frage 291: Wie kann ein Mensch unterscheiden, ob sein Tun gut oder schlecht ist?

Wie sich Gebot und Gewissen zueinander verhalten, hat einmal der Kölner Weihbischof Dick in einer herrlichen Geschichte dargelegt: Nehmen wir den Fall, die Kinder spielen Fußball im Wohnzimmer. Papa kommt

> Was das Gewissen betrifft, gibt es zwei Weisen, wie die Menschen sich dazu verhalten. Bei der einen ist das Gewissen lediglich eine Art Sinn für Anstand, ein Geschmack, der uns das eine oder das andere nahelegt. Bei der anderen ist es das Echo der Stimme Gottes. Nun hängt alles an dieser Unterscheidung. Der erste Weg ist nicht der des Glaubens, der zweite ist es.

Sel. John Henry Newman (1801–1890)

und ist entsetzt: „Wisst ihr, dass hier eine kostbare alte Chinavase steht? Wenn ihr die zertrümmert, ist Mama untröstlich! Geht doch bitte raus mit dem Ball!" Die Kinder haben nun die Wahl: Entweder sie gehen raus oder sie kicken weiter im Wohnzimmer und riskieren die Katastrophe. Die Kinder kennen also „das Gebot". Ihr Gewissen ist geschärft, denn sie wissen um die üblen Folgen einer falschen Entscheidung. Und so muss es eigentlich immer sein, wenn man sich auf sein Gewissen beruft. Man muss sein Handeln an den Geboten überprüfen. Und um das tun zu können, muss man die Zehn Gebote kennen. (Vgl. Ex 20,2–17 und Dtn 5,6–21) Man muss wissen, dass Lüge, Stolz, Raub, Neid, Missgunst, Ehrabschneidung, Ehebruch und Mord niemals mögliche oder gar gebotene Handlungsoptionen sind.

Ex 20,2–17
Dtn 5,6–21

Nun stellen manche einen Gegensatz zwischen Jesus, der die Liebe gebracht habe, und dem Alten Testament her, worunter sie eine schlimme Gesetzesreligion verstehen. Sie zitieren den hl. Augustinus, der einmal gesagt hat: „Liebe und (dann) tu, was du willst", und benutzen das Zitat, um ihre triebgesteuerten Fehltritte zu bemänteln. Aber weder Augustinus noch Jesus lassen sich dafür missbrauchen. Augustinus ist so zu verstehen: Wenn du wirklich die Liebe erkannt hättest und in der Liebe wärest, bräuchtest du keine Gebote mehr – du würdest vollkommen handeln. Und von Jesus findet sich immerhin in der oft zitierten (und selten gelesenen) Bergpredigt der Satz: „Amen, ich sage euch: Bis Himmel und Erde vergehen, wird kein Jota und kein Häkchen des Gesetzes vergehen, bevor nicht alles geschehen ist. Wer auch nur eines von den kleinsten Geboten aufhebt und die Menschen entsprechend lehrt, der wird im Himmelreich der Kleinste sein. Wer sie aber hält und halten lehrt, der wird groß sein im Himmelreich." (Mt 5,18–19) Jesus schärft die Gebote nicht nur ein, er verschärft

Frage 309: Was ist die Liebe?

Frage 349: Wie lauten die „Zehn Gebote"?

Frage 351: Sind die Zehn Gebote nicht überholt?

Mt 5,18–19

sie sogar: „Ihr habt gehört, dass zu den Alten gesagt worden ist: Du sollst nicht töten; wer aber jemanden tötet, soll dem Gericht verfallen sein. Ich aber sage euch: Jeder, der seinem Bruder auch nur zürnt, soll dem Gericht verfallen sein." (Mt 5,21–22)

Mt 5,21–22

Frage 348: „Meister, was muss ich Gutes tun, um das ewige Leben zu gewinnen" (Mt 19,16)?

Mk 12,30

Aber es ist derselbe Jesus, der die Gebote im Liebesgebot zusammenfasst. Danach musst du zunächst Gott „mit ganzem Herzen und ganzer Seele, mit deinem ganzen Denken und mit deiner ganzen Kraft" (Mk 12,30) lieben. Gleich danach aber sollst du „deinen

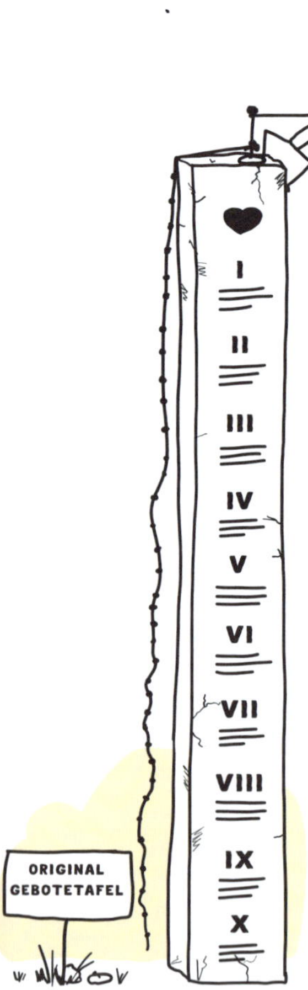

Nächsten lieben wie dich selbst. Kein anderes Gebot ist größer als diese beiden." (Mk 12,31) Aber hat nicht schon das Alte Testament zur Gottes- und Nächstenliebe aufgerufen? Das stimmt. Was aber ist nun neu daran, wenn Jesus sagt: „Ein neues Gebot gebe ich euch: Liebt einander!" (Joh 13,34)? Das Neue am neuen Gebot der Liebe besteht darin, dass Jesus sich selbst zum Maßstab und Vergleichspunkt von Liebe macht: „Wie ich euch geliebt habe, so sollt auch ihr einander lieben." (Joh 13,34) Und was hat Jesus denn getan in Sachen Liebe, dass er der Maßstab ist? Er starb für uns – so sagt Paulus –, „als wir noch Gottes Feinde waren" (Röm 5,10). Kurzum: Das neue am neuen Liebesgebot ist die *Feindesliebe:* „Ihr habt gehört, dass gesagt worden ist: Du sollst deinen Nächsten lieben und deinen Feind hassen. Ich aber sage euch: Liebet eure Feinde, segnet, die euch verfluchen, tut Gutes denen, die euch hassen, bittet für die, die euch beleidigen und verfolgen" (Mt 5,43–44). À la Jesus. Diese Feindesliebe ist religionsgeschichtlich etwas so Eigenes, dass der muslimische Autor Navid Kermani einmal meinte, die Christen hätten allen Grund, stolz darauf zu sein und sie wie ein kostbares Diadem auf der Stirn zu tragen.

Mk 12,30–31

Frage 337: Wie werden wir erlöst?

Joh 13,34

Frage 34: Was muss man tun, wenn man Gott erkannt hat?

Röm 5,10

Mt 5,43–44

Nächstenliebe und Selbstliebe nennt Jesus in einem Atemzug. Auch das ist bedenkenswert. Es gibt Mütter, die nie an sich denken – und dabei kaputtgehen. Sich selbst zu lieben ist aber ein ebenso verpflichtendes Gebot wie den Nächsten zu lieben.

Frage 387: Wie gehen wir mit unserem Körper um?

> Wenn auch unser Herz die Liebe nicht hat, hat es doch die Sehnsucht nach Liebe, und damit den Beginn der Liebe.

Hl. Franz von Sales (1567–1622)

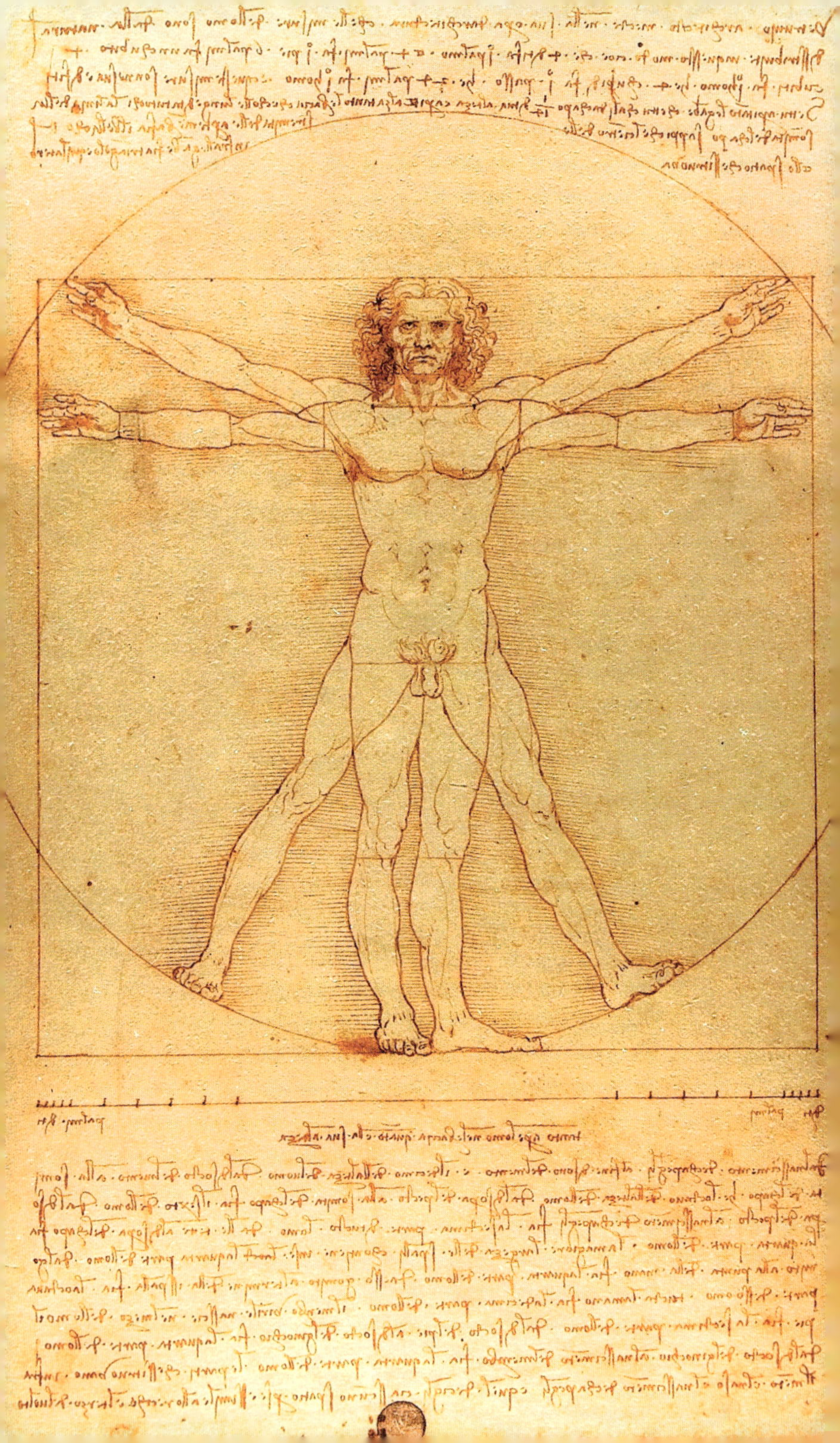

Einheit 17 Glaubenskurs

Was macht den Menschen zum Menschen?

Hier geht es um

einen etwas peinlichen Vorfall
mit einem nackten Kaiser,
zudem um die Frage,
was ein Mensch wert ist
und wie man Körper,
Geist und Seele
in Bestform
bringt.

Frage 301: Wie wird man klug?

Frage 303: Was bedeutet es, tapfer zu sein?

Im Märchen gibt es einen eitlen Kaiser, der sich um nichts als seine Kleider kümmerte. Eines Tages fiel er auf zwei Betrüger herein, die vorgaben, die feinsten Stoffe weben zu können. Des Kaisers neue Kleider seien so fein, dass sie nur von klugen und würdigen Personen gesehen werden könnten. Die beiden webten zum Schein und übergaben schließlich dem Kaiser Kleider, die in Wahrheit aus nichts als aus Luft bestanden. Der Kaiser erkannte vor dem Spiegel sehr wohl, dass er nackt war, aber seine Eitelkeit ließ es nicht zu, dass er eingestand, ein Dummkopf zu sein. Auch die Kammerherren und Minister waren begeistert. Sie verbeugten sich mit Ausrufen der Bewunderung. So trat der Kaiser auf die Straße. Und es wiederholte sich das gleiche Spiel: Niemand wollte sich eine Blöße geben; alle bewunderten des Kaisers neue Kleider. Nur ein Kind rief aus: „Der Kaiser ist ja nackt!" ...

Frage 300: Warum müssen wir an uns arbeiten?

Frage 163: Was ist das Jüngste oder Letzte Gericht?

Kein Mensch gibt sich gern eine Blöße. Deshalb umgeben wir uns nicht nur mit Kleidern, sondern auch mit Titeln, Verdiensten, Uniabschlüssen, Gehältern, Wagenklassen und Listen von Geliebten. Wir erfinden glanzvolle Biographien, die wir am Ende selber glauben. Aber der schöne Schein sitzt schlecht. Krisen und Krankheiten, schuldhaftes Versagen und schlichtes Pech lassen die Fassade bröckeln. Als der hl. Franziskus ans Sterben kam, ließ er sich nackt auf den Boden der Portiuncula legen. Hatte nicht der biblische Ijob gesagt: „Nackt kam ich hervor aus dem Schoß meiner Mutter; nackt kehre ich dahin zurück" (Job 1,21)? Und waren nicht Luthers letzte Worte: „Wir sind Bettler, das ist wahr!" Ja, es ist wahr. Spätestens wenn wir vor dem Herrn erscheinen, sind wir nackt. Es zählt nicht mehr, was wir in der Welt waren, wie viele Firmen wir

gegründet und wie viele Häuser wir gebaut haben. Eher werden wir gefragt werden, ob wir uns „mit aufrichtigem Erbarmen, mit Güte, Demut, Milde, Geduld" (Kol 3,12) bekleidet haben. Wir werden gefragt werden, ob wir „Mensch" waren.

Kol 3,12

Die Würde des Menschen ist unantastbar.

Grundgesetz der Bundesrepublik Deutschland

Aber was macht den Menschen eigentlich zum Menschen? Spontan haben wir einen sehr hohen Begriff vom Menschen – aber es muss nur einmal zu einem Konfliktfall kommen, und dieser hohe Begriff platzt wie eine Seifenblase. Ist ein Kind im Mutterleib nun *ein Mensch, ein halber Mensch, kein Mensch?* Und die alte, demente Frau im Pflegeheim – ist sie noch Mensch oder schon ein hindämmerndes Restwesen, über dessen Entsorgung man nachdenken sollte? Ist ein Vorstandsmitglied bei Mercedes mehr wert als ein Waisenjunge in Mumbai? Christen lassen sich klugerweise auf solche Diskussionen nicht ein. Für sie hat der Mensch keinen mess- oder diskutierbaren Wert, sondern eine unverlierbare, einzigartige Würde. Diese Würde gründet *nicht* im Menschen selbst, sondern in Gott, seinem Schöpfer, Erhalter, Erlöser und Richter. Die Würde jedes Menschen resultiert aus seiner

Frage 382: Ist Sterbehilfe erlaubt?

Frage 383: Warum ist Abtreibung in keiner Entwicklungsphase eines Embryos hinnehmbar?

4.27: Was ist falsch an pränatalen Tests?

> Alles hat entweder einen Preis oder eine Würde. Was einen Preis hat, an dessen Stelle kann auch etwas anderes als Äquivalent gesetzt werden; was dagegen über allen Preis erhaben ist, mithin kein Äquivalent verstattet, das hat eine Würde.

Immanuel Kant (1724–1804), dt. Philosoph

Jes 43,1

Psalm 17

Mt 25

Gottesbeziehung. Gott hat ihn in Liebe angeschaut und er schaut nie wieder weg: „Ich habe dich beim Namen gerufen; du gehörst mir" (Jes 43,1). Wir gehören gewissermaßen zur Königsfamilie, sind tabu. Deshalb, weil sie Gottes „Augapfel" (Ps 17,8) sind, darf man Menschen nicht klassifizieren, nicht verbrauchen. Und weil die Ärmsten immer die ersten Opfer sind, erzählt Matthäus das erstaunlichste Gleichnis der gesamten Heiligen Schrift; es könnte heißen: *Das Gleichnis von der Solidarität Gottes.* Im 25. Kapitel werden sie alle aufgezählt, die Hungrigen, die Dürstenden, die Fremden, die Nackten, die Kranken, die Gefangenen. Der Clou ist Vers 40: „Was ihr für einen meiner geringsten Brüder getan habt, das habt ihr mir getan." Mir! Jesus selbst macht sich zum Ärmsten. In den Armen berührt man IHN.

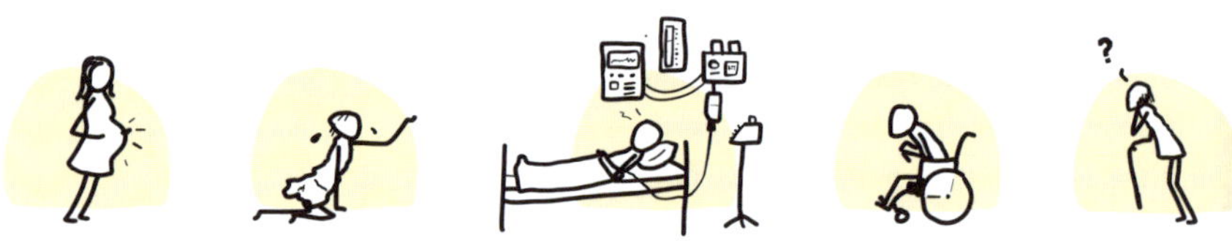

Frage 284: Warum sind die Seligpreisungen so wichtig?

Das ist unerfindlich – ebenso unerfindlich wie die Seligpreisungen, das Herzstück der Bergpredigt. Hier wird einmal nicht das Hohelied der Erfolgreichen, der Reichen, der Stars, der VIPs, der Durchsetzungsstarken und gekrönten Häupter gesungen. Im Reich Gottes sind die *anderen* selig – die Armen, die Trauernden,

die Sanftmütigen, die Hungerleider, die Verfolgten und alle, die an ihrer Seite stehen: die Kämpfer für Gerechtigkeit, die Barmherzigen, die Leute mit reinem Herzen, die Friedensstifter. Menschlich wird es in der Welt durch das „Erbarmen". Der hl. Johannes Paul II. hat daran erinnert, Papst Franziskus nicht weniger. Aber es war schon der Heilige von Assisi, der die Essenz des Christlichen ausmachte: „Es darf auf der ganzen Welt niemanden geben, und mag er selbst gesündigt haben, soviel er nur sündigen konnte, der von dir fortgehen müsste, ohne Erbarmen bei dir gefunden zu haben, wenn er Erbarmen wollte."

Y **Frage 89:** Wem verspricht Jesus das „Reich Gottes"?

Y **Frage 329:** Wodurch entsteht in einer Gesellschaft soziale Gerechtigkeit?

Der Mensch ist mit allen Lebewesen durch seine irdische Herkunft verbunden, aber erst durch seine von Gott „eingehauchte" Seele ist er Mensch. Das verleiht ihm seine unverwechselbare Würde, aber auch seine einmalige Verantwortung.

Christoph Kardinal Schönborn

TRALCO

EINHEIT

18

GLAUBENSKURS

Was macht mich frei, was engt mich ein?

Hier geht es um

Fliegerei, Flugzeuge und andere
schnelle Fortbewegungsmittel,
die dir ein Gefühl von Freiheit verschaffen.
Hier geht es aber auch
um den Sinn von Freiheit
und warum es das Gegenteil
von Freiheit sein könnte,
sich alle möglichen Freiheiten
herauszunehmen.

Über den Wolken", sang einst der Liedermacher **Reinhard Mey,** „muss die Freiheit wohl grenzenlos sein." Das Lied handelt von einem, der vom Hangar aus zusieht, wie ein Flugzeug in den Himmel abhebt; ihn überfällt Sehnsucht und der wehmütige Gedanke, ob es wohl irgendwo diese Freiheit gibt, in der „alle Ängste, alle Sorgen" zurückbleiben oder wenigsten klein werden. Reinhard Mey hat diesen Menschheitstraum intensiv gelebt. Von 1972 an erwarb er nach und nach Flugscheine für einmotorige und zweimotorige Flugzeuge, Doppeldecker und Hubschrauber, für Kunstflug, Instrumentenflug, dazu Bootsscheine und einen Motorradführerschein. Die Biographie von Reinhard Mey liest sich wie eine einzige Abfolge von Freiheitsmomenten. Mey setzte seine Freiheit durchaus nicht nur dazu ein, sich immer neue individuelle Freiheitserlebnisse zu verschaffen; er nutzte seine Freiheit auch, um sich auf eine beeindruckende Weise sozial zu engagieren.

Y **Frage 286:** Was ist Freiheit, und wozu ist sie da?

Y **Frage 289:** Muss man dem Menschen seinen freien Willen lassen, auch wenn er sich für das Böse entscheidet?

4.2: Was soll ich mit meinem Leben tun?

Was ist Freiheit? Freiheit – und Lust auf Freiheit – ist etwas zutiefst Menschliches. So hat uns Gott gemacht, dass wir Geschmack an der Freiheit haben, dass wir nachdenken, wählen, ungezwungen etwas hinstellen. In der Freiheit ist der Mensch stolz, würdevoll, schön. Freiheit heißt: Völlig aus sich heraus handeln, ein Stück Welt zu erschaffen, wie sie uns gefällt, nicht fremdbestimmt zu sein. Das ist ein wichtiger Punkt, auch in der Kirche. So gerne es Eltern hätten, dass ihre Kinder glauben, so falsch ist es, Kinder zum Glauben zu überreden oder sie unter Druck zu setzen. Gott will das freie Ja des Menschen. Überall dort, wo ein Mensch nicht ganz aus sich handelt, wo er gezwungen oder gedrängt wird, dort ist er nicht ganz Mensch.

Wie frei ist der Mensch? Die erste Antwort lautet: Der Mensch ist frei, zu tun und zu lassen, was er möchte – selbst wenn es objektiv falsch ist. Das gehört zu seiner Menschenwürde, auch wenn Ideologen an den Machthebeln Menschen in ihren Freiheitsrechten (der Religions-, der Meinungs-, der Berufs-, der Versammlungs- und Vereinigungsfreiheit etc.) immer wieder zu beschneiden versuchen, weil sie besser zu wissen glauben, was gut ist für die Leute.

Frage 354: Kann man Menschen zwingen, an Gott zu glauben?

„Gebote sind keineswegs willkürlich auferlegte Pflichten … Sie bewahren den Menschen vor der zerstörenden Macht des Egoismus, Hasses und der Verlogenheit. Sie zeigen ihm alle falschen Götter, die ihn zum Sklaven machen: Gott ausschließende Eigenliebe, Machtgier und Vergnügungssucht, die die Rechtsordnung umstürzen und unsere menschliche Würde und die unseres Nächsten erniedrigen.

Hl. Papst Johannes Paul II. (1920–2005)

Die Lobrede auf die Freiheit wird aber nicht übersehen, dass die Option des Menschen, das Böse wählen zu können – das also, was ihn und andere schädigt –, ihn geradewegs auf den „Highway to Hell“ führen kann. Es war der Satanist Aleister Crowley, der die vermeintliche Freiheitsparole ausgab: „Tu, was du willst! Dies sei das ganze Gesetz.“ Das Freiheitskonzept, das Selbst- und Fremdzerstörung einschließt (beispielsweise bei Abtreibung, Suizid und Euthanasie), ist ein Konzept, das auf einem blasphemischen Gottestausch basiert: *Ich* bin der Herr. *Ich* bin das Gesetz. Im

Frage 287: Besteht „Freiheit“ nicht gerade darin, sich auch für das Böse entscheiden zu können?

Frage 49: Lenkt Gott die Welt und mein Leben?

weiten Universum ist niemand sonst, den es wirklich interessiert, was mit mir geschieht. Und es ist auch niemand, den es interessiert, wenn der andere das Opfer meiner Freiheit wird.

Y Frage 281: Warum sehnen wir uns nach Glück?

Y Frage 59: Wozu hat Gott den Menschen geschaffen?

Der wahre Gott gibt zwar uneingeschränkte Freiheit. Er hat aber in die Freiheit eine Orientierung eingebaut – einen inneren Drift auf das Gute hin. Ich bin ganz frei, aber der Sinn meiner Freiheit ist das Gute. Der Mensch ist frei, damit er aus eigener, freier Wahl heraus das Gute tut. So empfinden Menschen eine natürliche Befriedigung, wenn sie etwas Gutes tun, und sie werden rot vor Scham, wenn sie beim Bösen ertappt werden. Dass es diese Unterscheidung gibt, ist ein Hinweis darauf, dass das Gute von dem Guten kommt – anders gesagt: dass der letzte Urgrund, Gott, gut ist. Wenn Gott gut ist, dann ist das Gute gut und das Böse eben böse. In einer sinnvollen Welt will Gott, dass wir gut sind. C.S. Lewis: „Wenn wir nicht so sein wollen, wie Gott uns will, dann wollen wir in der Tat etwas, das uns unmöglich glücklich machen kann."

Y Frage 340: Wie verhält sich die Gnade Gottes zu unserer Freiheit?

Reinhard Mey hat übrigens die Grenzen der Freiheit am eigenen Leib erfahren. Zwei seiner Fluglehrer stürzten ab, kamen um. Ein Kind von ihm starb nach fünfjährigem Wachkoma, was – so Reinhard Mey – „die Familie in ihren Grundfesten erschüttert und das Leben von einem Tag auf den anderen auf den Kopf stellt". Mey hatte unzählige Nächte am Bett des Kindes verbracht, Lieder gesungen, ihm erzählt. Ob er ihm „Über den Wolken" gesungen hat? Wahrscheinlich müssen wir über den menschlichen Traum von der Freiheit unter der Voraussetzung sprechen, dass die

vollkommene Freiheit erst dort existiert, wo „alle Ängste, alle Sorgen“ verschwunden sind, weil einer da ist, von dem es heißt: „Er wird alle Tränen von ihren Augen abwischen: Der Tod wird nicht mehr sein, keine Trauer, keine Klage, keine Mühsal.“ (Offb 21,4) Bis dahin sollen wir einfach gut sein, auch wenn es anstrengend ist.

Offb 21,4

> Wir drängen unseren Glauben niemandem auf. Diese Art von Proselytismus ist dem Christlichen zuwider. Der Glaube kann nur in Freiheit geschehen. Aber die Freiheit der Menschen, die rufen wir an, sich für Gott aufzutun; ihn zu suchen; ihm Gehör zu schenken.

Papst Benedikt XVI.

EINHEIT 19 GLAUBENSKURS

Was bedeutet „Du sollst den Sonntag heiligen!“?

HIER GEHT ES UM

einige sehr gute Gründe
für das Nichtstun.
Gott schätzt unsere Arbeit,
aber sie ist nicht das Höchste und Letzte.
Gott selbst ruhte am siebten Tag
und er möchte, dass unsere Woche
in ein Fest der Freude
mündet.

Mütter kennen das: „Was hast du mit meiner FC-Bayern-Bettwäsche gemacht?" – „Aber ... sie war doch völlig zerrissen!" Drama. Aufstand. Tränen. Mama hatte an ein Heiligtum gerührt. Auch Erwachsenen können die banalsten Dinge „heilig" sein: eine alte Pfeife, eine zerkratzte Vinylplatten-Sammlung, whatever. In jedem Fall geht es nicht um den materiellen Wert einer Sache. Das Betttuch, die Pfeife des verstorbenen Vaters, die Bob-Dylan-Platte – sie stehen für etwas Großes, dem ich mich über ein Symbol zugehörig fühle. Gerade stirbt der Sonntag. Und wenige weinen diesem Symbol eine Träne hinterher.

Y **Frage 187:** Wie wichtig ist der Sonntag?

❞ Wir können in der Geschichte des letzten Jahrhunderts sehen, dass in den Staaten, in denen Gott abgeschafft war, →

Dabei ist die Aufforderung, den Sonntag zu „heiligen", kein Freizeittipp aus der „Landlust", sondern ein göttlicher Befehl – die laufende Nummer drei der Zehn Gebote. Im ganzen Alten Testament findet sich kaum eine dramatischere Inszenierung als die Szene, in der Mose von Gott die „Zehn Gebote" empfängt und mit dem Gesetz zu seinen Leuten herabsteigt: „Das ganze Volk erlebte, wie es donnerte und blitzte, wie Hörner erklangen und der Berg rauchte." (Ex 20,18) Warum betreibt Gott solch einen Aufwand um die Freizeitgestaltung?

Am Anfang der Bibel steht ein Gott, der für alle Zeit klarmacht, dass Arbeit nicht alles und nicht einmal das Höchste ist. Im Buch Genesis gönnt sich der Schöpfer selbst eine Art lustvollen Break: „Und Gott segnete den siebten Tag und heiligte ihn; denn an ihm ruhte Gott, nachdem er das ganze Werk erschaffen hatte.“ (Gen 2,3) Das Volk Israel machte es wie Gott, es ruhte sich aus. Israel dachte zurück an die Knechtschaft in Ägypten und dehnte die heilige Pause sogar auf die Sklaven, die Rinder, die Esel, die Fremden in der Stadt aus (Dtn 5,14).

Y **Frage 47:** Warum ruhte Gott am siebten Tag?

→ nicht nur die Wirtschaft zugrunde gerichtet wurde, sondern auch und vor allem die Seelen. **Papst Benedikt XVI.**

Für Israel war der Sabbat wichtig, weil Gott so überaus wichtig war: der Grund von allem, die Lebensbedingung von allem, der Befreier, der Retter. Das durfte nicht vergessen werden – und fiel doch im Gemache des Alltags unter den Tisch. Gott musste durch ein großes Zeichen erinnert werden. Das Fest Sabbat beschwor im Wochenabstand die Präsenz Gottes, machte sie fühlbar, füllte sie mit unerhörter Hoffnung. „Wenn Israel nur ein einziges Mal den Sabbat wirklich halten würde“, heißt es im Talmud, „würde der Messias kommen, denn das Halten des Sabbats kommt dem Halten aller Gebote gleich.“

Y **Frage 362:** Warum feiert man in Israel den Sabbat?

Frage 363: Wie geht Jesus mit dem Sabbat um?

Frage 364: Warum ersetzten die Christen den Sabbat durch den Sonntag?

Hier sind wir am Punkt, wo sich Altes Testament und Neues Testament, Israel und das Christentum, Sabbat und Sonntag voneinander scheiden. Die Juden warten noch immer auf den Messias; die Christen glauben, dass er gekommen ist. Sie bezeichnen Jesus von Nazareth als den „Christus“, den Messias. Ihr Tag ist nicht mehr der Sehnsuchts- und Hoffnungstag Sabbat. Ihr Tag ist der „achte“, der österliche Tag, der Sonntag, der Tag, an dem Christus von den Toten auferstanden ist und die in Sünde und Tod verstrickte Welt endgültig befreit und erlöst hat. Während die Judenchristen zunächst noch den Sabbat beibehielten, feierten die Heidenchristen schon früh den „Tag des Herrn“, der dem Sabbat folgte. Jeder Sonntag sollte ein Abglanz des Osterfestes, ein fortgesetztes Osterfest sein, als würde der Jubel den einen Tag sprengen und alle Zeit überglänzen.

Heute gibt es für viele Menschen keinen Unterschied mehr zwischen Werktag und Sonntag. Die großen Maschinen müssen laufen. Die Dienstleistungsgesellschaft fordert Service an den Wochenendtagen. Shops brauchen Shopping. Jeder hängt dann ab, wann es ihm gerade ins Schema passt. Die Zeit hat keine Struktur mehr. Es gibt keine Differenz zwischen Fest und Alltag. Fest ist, wenn es das Möbelhaus will. Alles geht immer und riecht nach Bier und Grillwurst. Man sollte meinen, die Leute müssten glücklich sein angesichts der neuen Flexibilität. Aber sie klagen über das graue Einerlei der Tage.

Y **Frage 184:** Wie prägt die Liturgie die Zeit?

„Ohne die sonntägliche Eucharistie können wir nicht leben. Weißt du nicht, dass der Christ für die Eucharistie existiert und die Eucharistie für den Christen?

Antwort des Märtyrers **Aturninus** (305) im Verhör auf den Vorwurf, er habe an der verbotenen sonntäglichen Versammlung teilgenommen.

Können wir den Sonntag noch einmal erfinden? Ich denke, es werden nicht die Gewerkschaften sein, die ihn retten – es werden Menschen sein, die gemeinsam auf die kultischen Wurzeln des Sonntags zurückkommen. Der Sonntag ist nicht deshalb heilig, weil es menschenfreundlich ist, nach sechs Werktagen auch mal den Hammer oder die Tastatur wegzulegen und die Arbeit zu entthronen. Der Sonntag hat in Gott seine Mitte. Und er muss ein Fest sein – mit allem, was dazugehört: mit Aufwand für das Schöne, mit viel Zeit füreinander, für die Liebe und für Gott, mit Blumen, festlichen Liedern, festlichen Kleidern, festlichen Ritualen, mit Muße und Aufatmen in Gottes schöner Welt.

Y **Frage 365:** Wie machen Christen den Sonntag zum „Tag des Herrn"?

Und vielleicht kommt er wieder, der Tag, an dem es Drama, Aufstand, Tränen gibt, wenn man an den „heiligen" Sonntag, an das Fest der Erlösten, rührt …

EINHEIT 20 GLAUBENSKURS

Was bedeutet „Du sollst kein falsches Zeugnis geben!“?

Hier geht es um

Klatsch und Tratsch, Donald Trump,
Alice im Wunderland,
einen verlogenen Nazirichter
und eine unglaublich mutige junge Frau
und ihre Freunde, denen
die Verbreitung von Wahrheit
noch wichtiger war als
ihr eigenes Leben.

4.47: Wie lassen sich soziale Medien auf die richtige Weise nutzen?

Der amerikanische Präsident mag auch seine guten Seiten haben. Über das Achte Gebot „Du sollst kein falsches Zeugnis geben!" kann man aber gerade nicht nachdenken, ohne auf Donald Trump, die „alternativen Fakten" und „wahrheitsgemäße Übertreibung" zu stoßen.

Frage 452: Was fordert das Achte Gebot von uns?

Frage 456: Was muss man tun, wenn man gelogen, getäuscht oder betrogen hat?

Aber wir würden „Fake News" verbreiten, würden wir sagen, dass diese beiden Begriffe von ihm selbst stammen. Seine Regierungssprecherin Kellyanne Conway war es, die den Präsidenten, als man ihn der Lüge überführte, mit dem Argument verteidigte, Trump spreche über „alternative Fakten". Trump ist auch nicht der Urheber der „wahrheitsgemäßen Übertreibung", die wir in Trumps Bestseller „The Art of Deal" als „unschuldige Übertreibung" und „sehr wirksame Form des Marketing" beschrieben finden. In Wahrheit hat das Buch Ghostwriter Tony Schwartz geschrieben, der jetzt reuig an die Öffentlichkeit trat und dabei die Vermutung äußerte, Trump habe nicht nur nie ein Buch geschrieben, sondern auch nie eines von vorne bis hinten gelesen. Der Präsident interessiere sich nur für sich selbst.

Man sollte die Wahrheit dem anderen wie einen Mantel hinhalten, dass er hineinschlüpfen kann – nicht wie ein nasses Tuch um den Kopf schlagen.

Max Frisch (1911–1991)

Es gibt seit langem schon einen Trend, mit der Wahrheit „kreativ" umzugehen. In Lewis Carrols „Alice im Wunderland" gibt es den wunderlichen Philosophen Humpty Dumpty, der die Sache auf den Begriff bringt: „Wenn ich ein Wort benutze, hat es just die Bedeutung, die ich ihm gebe – nicht mehr und nicht weniger." Alice: „Die Frage ist doch, ob du Wörtern so viele verschiedene Bedeutungen zuteilen kannst." Humpty Dumpty lächelt: „Die Frage ist: Wer soll Herr darüber sein? Das ist alles." In der klassischen Philosophie definierte man Wahrheit mit *adaequatio intellectus et rei* – Wahrheit ist die Übereinstimmung der Sache mit der Vernunft. Jeder weiß, dass das stimmt. Man muss sagen, was Sache ist. Sonst lügt man. Aber der Mensch ist ein Sünder, und schon das Kleinkind versteht, dass man nur lange und laut schreien muss, um Aufmerksamkeit zu bekommen und belohnt zu werden. Und so bildet sich – wenn uns nicht das Achte der Zehn Gebote dazwischenkommt – ein interessengeleiteter Umgang mit der Wahrheit heraus.

Frage 455: Was heißt: wahrhaftig sein?

Der Nazirichter Freisler wusste genau, dass die Studenten von der „Weißen Rose“, die vor ihm standen, wahr sprachen. Er gebrauchte „alternative Fakten“, um sie auszuschalten. Sie standen der Macht im Weg. Die Macht schuf sich ihre Wahrheit. Die 22-jährige Sophie Scholl wusste, dass sie sich mit einer Lüge retten konnte, aber sie sagte dem tobenden Nazischergen ins Gesicht: „Bald werden Sie hier stehen, wo wir jetzt stehen.“
Am gleichen Tag, dem 22. Februar 1943, wurde sie zum Tod verurteilt und mit der Guillotine enthauptet. Sophie Scholl war Christin; ihr Lieblingszitat war ein Wort des Philosophen Jacques Maritain: „Man muss einen harten Geist und ein weiches Herz haben.“ Ja, das braucht man, denn der Zusammenhang von Wahrheit und Wahrhaftigkeit ist im Horizont Gottes nicht verhandelbar. Tricks sind nicht erlaubt. Man muss für die Wahrheit Zeugnis ablegen, notfalls bis zum Martyrium. Nirgends ist die Geschichte der Nachfolger Christi glanzvoller als in der langen Reihe der Märtyrer, die der Macht nicht wichen. Die lieber ihr Leben gaben, als der Lüge und dem Verrat zu dienen.

Y **Frage 454:** Wie stark verpflichtet die Wahrheit des Glaubens?

Man hätte sich vorstellen können, dass der Zweite Weltkrieg mit seinen Millionen von Toten eine Zäsur in der Kultur der Lüge bedeutet hätte. Aber schon 1949 hatte der Autor George Orwell Grund zu einem prophetischen Buch über Lüge und Macht: Ich spreche von dem Roman „1984“. Es ist, als hätte Orwell schon damals geahnt, was mit der Political Correctness auf uns zukommt. Orwell entwirft einen totalitären Staat, in dem Worte verboten oder neu definiert werden; er nennt das „Neusprech“. Aus der Spitzelbehörde wird das „Ministerium für Liebe“; die Konzentrationslager heißen nun „Lustlager“; wer

Dann werdet ihr die Wahrheit erkennen und die Wahrheit wird euch befreien.

Joh 8,32

nachdenkt, wird zum „Gedankenverbrecher“. Sind wir so weit von dieser fiktiven Welt entfernt? Was die Umdefinierung von Worten betrifft, haben wir ja reichlich Erfahrung, seit das Kind im Bauch der Mutter plötzlich „Zellklumpen“ hieß und aus der unmissverständlichen Abtreibung eine „Schwangerschaftsunterbrechung“ wurde, als könnte man nach der Tötung des Kindes die Schwangerschaft irgendwie fortsetzen. Neusprech ist noch lange nicht enttarnt. Wenn ich heute das Wort „Frauenrechte“ höre, klingeln meine Ohren. Was verbirgt sich hinter diesem schönen Wort? In der Regel die Lobby der Abtreibungsbefürworter. „Hate Crime“ ist auch ein mindestens dehnbarer Begriff. Bestimmte Dinge, die einer nebulösen Community von Richtigdenkern missfallen, darf man in Facebook nicht mehr laut sagen oder man wird abgeschaltet. Das „Achte Gebot“ ist aktuell wie nie: für mutige, aufrechte Leute.

Frage 453: Was hat unser Verhältnis zur Wahrheit mit Gott zu tun?

O, Gott, wie herrlich: Ein einziger Mensch oder zwei, die die Wahrheit sagen, können mehr bewirken als viele andere zusammen! Durch sie entdecken die Blinden nach und nach wieder den Weg, und Gott gibt ihnen daran Freude und macht ihnen Mut.

Hl. Teresa von Ávila (1515–1582)

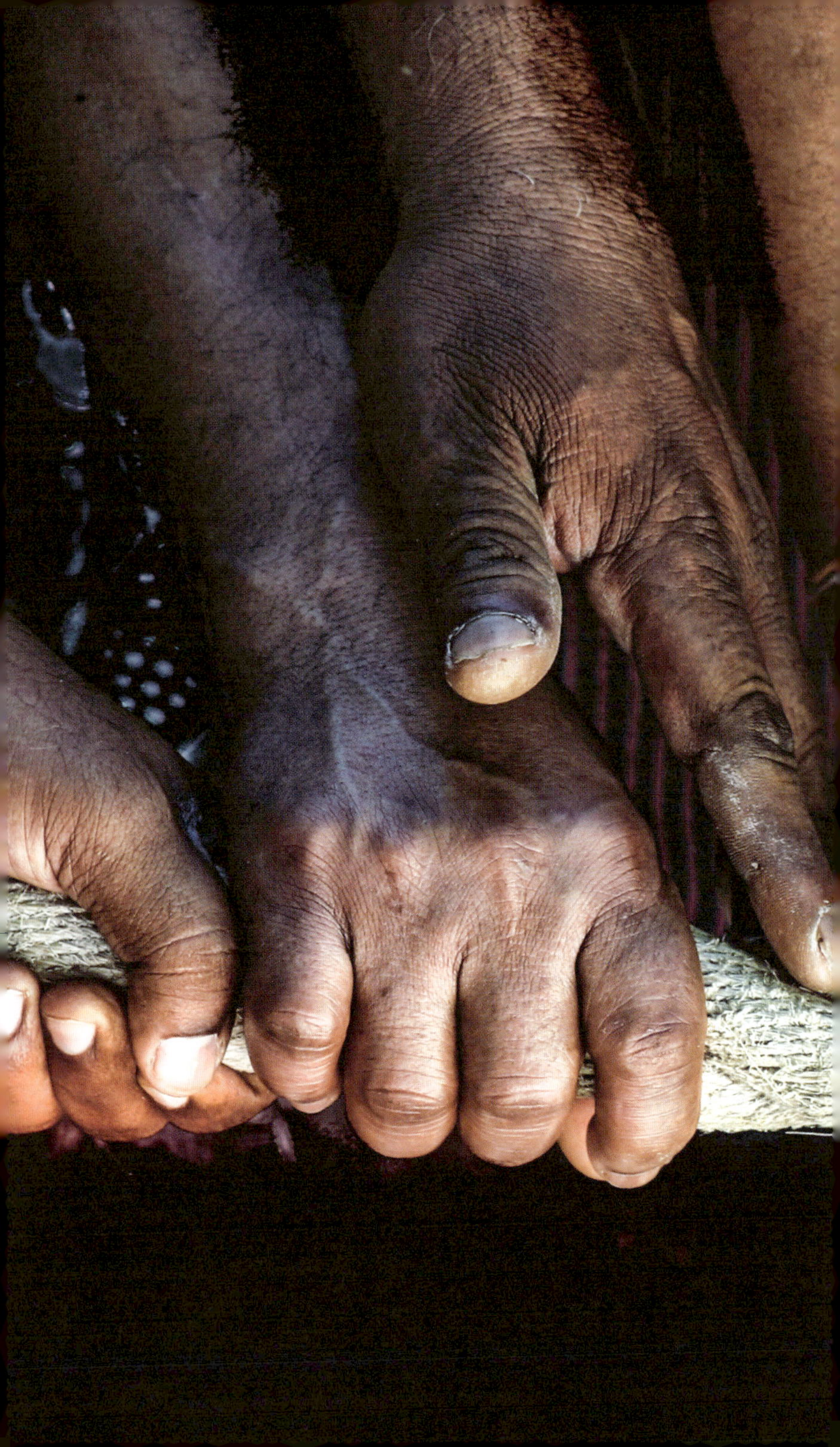

EINHEIT 21 GLAUBENSKURS

Wie handeln Christen sozial verantwortlich?

Hier geht es darum,

dass es ganz unmöglich ist,
Christentum als seine Privatsache zu betrachten.
Ein Christ ist kein Christ;
und wer nicht das Glück aller Menschen
im Auge hat, sollte sich besser
nicht auf das Evangelium
berufen.

Ein alter Name für die Kirche ist „Mutter". Der berühmte Theologe Henri de Lubac sagte einmal: „Die Kirche ist meine Mutter, weil sie mir das Leben geschenkt hat. Sie ist es, weil sie mich beständig am Leben erhält und mich ... immer tiefer in dieses Leben hineinführt."

SOZIALLEHRE ➡

Frage 438: Warum hat die Katholische Kirche eine eigene Soziallehre?

Frage 449: Welche Bedeutung haben die Armen für Christen?

Frage 427: Warum gibt es kein absolutes Recht auf Privateigentum?

Das Mütterliche an der Kirche führt unmittelbar in ihre SOZIALLEHRE. Denn wie ist eine gute Mutter? Sie ist rundum besorgt um ihre Kinder. Würde die Kirche nur kluge Lehren verbreiten, würde sie nur schöne Gottesdienste feiern, würde sie sich nur um das Seelenheil ihrer Kinder kümmern, sie wäre weder Kirche noch Mutter. Die Kirche muss an der ganzheitlichen Entwicklung der Menschen interessiert sein: dass sie zu essen haben und sauberes Wasser, Bildung und Arbeit, dass sie in Sicherheit leben können, dass es Gerechtigkeit gibt und dass die Kinder dieser Mutter sich nicht im Streit selbst zerfleischen.

Die Geschichte der Kirche ist nicht nur ruhmreich: Die Jünger schliefen, als Jesus Todesangst hatte. Viele

Christen schliefen, als Hexen verfolgt wurden, als Sklaven verschifft wurden, als Indianer aus ihrer Heimat vertrieben wurden, als man Juden aus ihren Häusern abholte, als der Regenwald abgeholzt wurde, als Atomkraftwerke gebaut wurden, als Abtreibung zu einer Form der Geburtenregelung wurde. Die Soziallehre hätte in vielen Ländern geschrieben werden können. Ihre Anfänge liegen aber im Europa des 19. Jahrhunderts, während der industriellen Revolution. Auch hier wurde die Kirche erst spät wach. Kinder schufteten in den Bergwerken und Arbeiter starben vor Hunger. Weil Christen schliefen, übernahmen die Marxisten ihren Job.

Frage 439: Wie entstand die Soziallehre der Kirche?

Spät erst reagierten Christen: Sie entdeckten den sozialen Kernsatz aus dem Matthäusevangelium wieder – diesen einen revolutionären Satz aus Mt 25, mit dem Jesus sich identisch machte mit der sozialen Sache: „Ich war hungrig, und ihr habt mir nichts zu essen gegeben; ich war durstig, und ihr habt mir nichts zu trinken gegeben; ich war fremd und obdachlos, und ihr habt mich nicht aufgenommen; ich war nackt, und ihr habt mir keine Kleidung gegeben; ich war krank und im Gefängnis, und ihr habt mich nicht besucht. Amen, ich sage euch: Was ihr für einen dieser Geringsten nicht getan habt, das habt ihr auch mir nicht getan."

Mt 25

Frage 465: Welche Haltung soll ein Christ in Hinsicht auf fremdes Eigentum einnehmen?

Frage 89: Wem verspricht Jesus das „Reich Gottes"?

> Ein Christ, der in diesen Zeiten kein Revolutionär ist, ist kein Christ.
>
> **Papst Franziskus** im Vorwort des DOCAT

Aus diesem winzigen Samenkorn entfaltete sich die Soziallehre. Papst Leo XIII. griff sie auf und schrieb in seiner Enzyklika Rerum Novarum einen hammerharten Satz, der in dieser Zeit vollkommen ungewöhnlich war für ein päpstliches Dokument: „Dem Arbeiter den ihm gebührenden Lohn vorzuenthalten ist eine himmelschreiende Sünde!"

Frage 444: Was sagt die katholische Soziallehre zu den Themen Arbeit und Arbeitslosigkeit?

Die Prinzipien:

PERSONALITÄT,
SOLIDARITÄT,
SUBSIDIARITÄT,
GEMEINWOHL

Aber worin besteht diese Soziallehre im Kern? Sie besteht aus vier Prinzipien: dem PERSONALITÄTSPRINZIP, dem SOLIDARITÄTSPRINZIP, dem SUBSIDIARITÄTSPRINZIP und dem GEMEINWOHLPRINZIP. Was ist damit gemeint?

Y **Frage 323:** Wie kann der Einzelne so in die Gesellschaft integriert sein, dass er sich trotzdem frei entfalten kann?

Mit dem **Personalitätsprinzip** ist gemeint: „Nach dem obersten Grundsatz dieser Lehre muss der Mensch der Träger, Schöpfer und das Ziel aller gesellschaftlichen Einrichtungen sein.“ (Mater et Magistra 219) Der einzelne Mensch in seiner Würde und Freiheit steht unter Gottes Schutz und damit ganz oben; er darf niemals zum Kanonenfutter oder zu welchen anderen Zwecken auch immer „verbraucht“ werden.

Mit dem **Solidaritätsprinzip** ist gemeint, dass alle miteinander anpacken müssen. So erst kann eine gerechte Gesellschaftsordnung entstehen, die jedem Menschen eine Erfüllung der Grundbedürfnisse gewährleistet. Wo der Einzelne aus sich keine Kraft hat für die Erfüllung seiner elementaren Grundbedürfnisse, muss die Gesellschaft helfend einspringen.

Unter dem **Subsidiaritätsprinzip** versteht man, dass Aufgaben, die von kleineren Einheiten übernommen werden können, auch ihnen überlassen bleiben. Aufgabe der Familie ist die Erziehung ihrer Kinder; staatliche Organe dürfen erst dann subsidiär (= helfend) eingreifen, wenn die Familie überfordert wäre.

Das **Gemeinwohlprinzip** besagt, dass staatliche Autorität auf das gemeinsame Wohl aller, gerade der Schwächsten, ausgerichtet sein muss, damit die Gesellschaft nicht zum Spielfeld von Gruppen- oder Einzelinteressen wird.

Neben diesen vier Prinzipien befasst sich die Soziallehre noch intensiv mit den Themen Gerechtigkeit, Frieden und nachhaltiger ökologischer Entwicklung.

> „Der Versorgungsstaat, der direkt eingreift und die Gesellschaft ihrer Verantwortung beraubt, löst den Verlust an menschlicher Energie und das Aufblähen der Staatsapparate aus, die mehr von bürokratischer Logik als von dem Bemühen beherrscht sind, den Empfängern zu dienen; Hand in Hand damit geht eine ungeheure Ausgabensteigerung.
>
> **Hl. Papst Johannes Paul II.** (1920–2005)

Von der Soziallehre hat einmal jemand gesagt, sie sei der große „ungehobene Schatz der Kirche“. Weil sie universal ist und von keiner Macht, keiner Nation, keiner Gruppe, auch keinem Konzern für sich vereinnahmt werden kann, hat sie eine gewaltige Kraft. Möglicherweise weltverändernde Kraft.

Y **Frage 328:** Was kann der Einzelne zum Gemeinwohl beitragen?

EINHEIT 22 GLAUBENSKURS

Was ist das – Beten?

Hier geht es darum,
ob unsere Schreie,
unsere Worte, unsere Lieder
oben ankommen. Ob ER uns hört.
Oder ob wir bloß
den Himmel vollquatschen
und unsere Tränen und unser Jubel
echolos bleiben – in einem
tauben Universum.

Frage 470: Wie kommt der Mensch darauf, zu beten?

Frage 468: Wonach sollte sich der Mensch am meisten sehnen?

Zum Christsein gehört Beten. Das hört man immer wieder. Ich weiß noch, wie ich etwa 20 Jahre alt war. Irgendwie versuchte ich, Christ zu sein, aber ich kann nicht sagen, dass ich wirklich betete. Eines Tages fand ich mich in einer Kirchenbank wieder. Ich kniete da, nahm also eine gewisse Haltung ein. Aber ich stand wie neben mir, beobachtete mich selbst. Ich verließ meinen Kopf nicht. Ich kam einfach nicht über mich hinaus. Glücklicherweise konnte ich später die wunderbare Erfahrung machen, dass es möglich ist, an eine andere Wirklichkeit zu rühren – vielmehr von ihr berührt zu werden. Ich nenne diesen größeren Horizont der Wirklichkeit einmal Gegenwart Gottes.

Eine besonders tiefe Gebetserfahrung machte ich in Taizé. Wer noch nichts von dem Dörfchen Taizé im französischen Burgund gehört hat, sollte wissen, dass es dort eine Gemeinschaft von gastfreundlichen Mönchen gibt, die Jahr für Jahr in den Sommermonaten Tausende von Jugendlichen aufnehmen. Sie kommen aus ganz Europa, ja oft sogar aus Afrika, Amerika und Asien. Sie kommen, weil in Taizé die Wirklichkeit Gottes gewissermaßen mit Händen zu greifen ist. Und das ist schon die erste Erfahrung, die man in Taizé macht: dass da andere sind, die von der gleichen Sehnsucht nach Gott getrieben sind wie ich selbst. Okay – ich bin also mit meinem innersten Herzenswunsch nicht allein auf der Welt. Der große Augustinus (354–430) hatte also recht, wenn er sagte: „Groß bist du, Herr, und über alles Lob erhaben. Und da will der Mensch dich preisen, dieser winzige Teil deiner Schöpfung. Du selbst regst ihn dazu an; denn du hast uns zu dir hin geschaffen, und unruhig ist unser Herz, bis es ruht in dir."

Das Gebet ist meiner Ansicht nach nichts anderes als ein Gespräch mit einem Freund, mit dem wir oft und gerne allein zusammenkommen, um mit ihm zu reden, weil er uns liebt.

Hl. Teresa von Ávila (1515–1582)

In Taizé ist nichts perfekt. Man schläft in Zelten oder in schlichten Baracken. Dreimal am Tag rufen die Glocken. Von allen Seiten strömen die Leute herbei. Die Kirche ist selbst ein großes „Zelt", das nach Bedarf erweitert oder verkleinert werden kann. Bevor man diese Kirche betritt, wird man mit jugendlichen Helfern konfrontiert, die Schilder vor sich hertragen; in verschiedenen Sprachen liest man ein einziges Wort: Stille, Stilte, Silence, Silenzio, Silencio. Das ist schon die erste Grundregel zum Gebet: Ohne Stille geht gar nichts. Wir müssen alle Geräuschquellen abdrehen, müssen auch innerlich ruhig werden und Zeit mitbringen, damit sich in der Stille etwas ereignen kann. Man betritt also diese eigenartige Kirche in Taizé, in der es keine Bänke gibt, nur Teppichboden, und ist

Y **Frage 469:** Was ist das Gebet?

Y **Frage 503:** Was ist das innere Gebet?

3.7: Wie kann ich mir Zeit für das Gebet nehmen?

» Beten heißt nicht, sich selbst reden hören, beten heißt still werden und still sein und warten, bis der Beter Gott hört.

Søren Kierkegaard (1813–1855)

gefangen von einer Atmosphäre aus Licht und Schweigen. Man nimmt auf dem Boden Platz und sieht, wie auch die Mönche kommen und sich im Schweigen und Warten auf Gott in der Mitte des Raumes niederlassen. Irgendwann stimmt jemand ein schlichtes Lied an: Veni, Sancte Spiritus ... Komm, Heiliger Geist. Scheinbar endlos wird es wiederholt. Tiefer und tiefer fällt dieser Gebetsruf in die Seele. Dann wieder Schweigen. Dann ein Wort Gottes, das wie ein kostbarer Tropfen in die spiegelglatte Wasserfläche meiner Seele fällt und dort Kreise zieht. Wieder Schweigen. Fühlbare Gegenwart Gottes. Ich ging aus der Kirche raus. Und hätte jubeln können: Wow, ich hatte wirklich gebetet.

Es geht – und du musst gar nicht viel machen. Gott ist da. Und macht ...

Aber Taizé hat mir noch mehr geschenkt. Wir saßen in einer Gruppe zusammen, hatten uns nie zuvor gesehen, mussten uns erst auf eine gemeinsame Sprache einigen. Wir lasen gemeinsam in der Heiligen Schrift, tauschten uns darüber aus, beschenkten uns gegenseitig mit Einsichten. Und dann beteten wir. Frei, so wie es unser Herz uns eingab. Wieder war dieses „Wow" da. Es fühlte sich an wie in der Urgemeinde der ersten Christen: „Die Menge derer, die gläubig geworden waren, war ein Herz und eine Seele." (Apg 4,32)

Frage 482: Welche Rolle spielt das Gebet bei den ersten Christen?

Apg 4,32

Beten heißt liebend an Jesus denken. Das Gebet ist die Aufmerksamkeit der Seele, die sich auf Jesus konzentriert. Je mehr man Jesus liebt, desto besser betet man.

Charles de Foucauld (1858–1916)

Heute kann ich mir ein Leben ohne Gebet nicht mehr vorstellen. Immer wieder hole ich mir Inspiration aus der Heiligen Schrift oder ich lese einige Worte nach, die ich mir notiert habe, weil sie mich auf Kurs bringen. Das erste dieser Worte stammt von der hl. Therese von Lisieux: „Für mich ist das Gebet ein Aufschwung des Herzens, ein schlichter Blick zum Himmel, ein Ausruf der Dankbarkeit und Liebe inmitten der Prüfung und inmitten der Freude." Das bringt mich auf Kurs, wenn ich mich wieder einmal hängen lasse und deprimiert bin. Hoch mit dem Herzen! Einfach nach oben schauen!

Frage 491: Kann man aus der Bibel beten lernen?

Frage 497: Warum hilft es, sich beim Beten an den Heiligen zu orientieren?

EINHEIT 23 GLAUBENSKURS

Wie kann man beten lernen?

HIER GEHT ES UM

die beruhigende Nachricht,
dass man außer einer verrückten Erwartung
nichts haben muss,
um zu Gott vorzustoßen.
Was ER will, ist Vertrauen, Nähe,
Liebe, Beziehung …

Wie kann man Tango lernen? Indem man Tangoschritte mit einem erfahrenen Tangotänzer einübt. Wie kann man Autofahren lernen? Indem man sich einem guten Fahrlehrer anvertraut und heimlich auf dem Parkplatz übt. Wie kann man beten lernen? Manche berichten von einem autodidaktischen Weg. Es gibt ja das berühmte Sprichwort „Not lehrt beten." Jemand, der während des Zweiten Weltkrieges Nächte in Luftschutzkellern erlebt hat, versicherte mir einmal: „Glaub mir, da war auch nicht ein Einziger, der dort nicht gebetet hätte!" Aber offenkundig hielt die Lektion nicht lange vor. Nach dem Krieg kam das Wirtschaftswunder – und viele, die mit dem Leben davongekommen waren, schienen schnell vergessen zu haben, dass sie den allmächtigen Gott auf Knien um Errettung aus höchster Not angefleht hatten. Kann ja auch „Zufall" gewesen sein, sagte man sich, dass die Bomben nur im Nachbarhaus einschlugen.

Y **Frage 486:** Warum sollen wir Gott bitten?

Wenn man autodidaktisch lernt, gewöhnt man sich manches Falsche an. Man könnte Gott zum Beispiel mit einem Notfallschalter verwechseln: Schlagen Sie im Notfall die Scheibe ein! Man möchte mit Gott so viel zu tun haben wie mit der Notaufnahme im Krankenhaus. Toll, dass es so etwas gibt, aber besser, man braucht sie nicht. Besser, man kommt ohne Gott durch's Leben. Wirklich? In der Vergrößerung sieht man, wie schräg das ist. Mutter Teresa erinnerte ihre Schwestern immer wieder daran, dass Gott nichts mehr als unsere Liebe erhofft: „Nicht nur, dass er euch liebt, sondern mehr noch, dass er sich brennend nach euch sehnt. Ihr fehlt ihm, wenn ihr euch ihm nicht nähert. Er liebt euch ständig, auch wenn ihr euch dessen nicht würdig fühlt. Wenn ihr von den anderen nicht angenommen werdet

oder ihr euch manchmal selbst nicht annehmen könnt – so ist er derjenige, der euch immer annimmt."

Frage 494: Wie kann mein Alltag eine Schule des Gebets sein?

Was Gott will – und wozu er das Gebet gemacht hat –, das ist eine Beziehung. Ein Verhältnis der Freundschaft. Dass man sich meldet. Dass man füreinander da ist. Dass man intimen Austausch miteinander hat. Dass man sich aufeinander verlassen kann (soweit auf Menschen Verlass ist). Im Gebet sein heißt nichts anderes, als in Beziehung zu sein. In einer festen Beziehung mit Gott. Es ist beim Christsein wie bei Facebook, wo man sein Profil anlegen und auch seinen Beziehungsstatus angeben kann. Viele schreiben hier wie dort: „Es ist kompliziert." Ja, es ist wirklich kompliziert bis unmöglich, wenn man Christ sein möchte, aber nur ein paar Rituale abliefert. Wie soll eine Beziehung lebendig bleiben, wenn man keine Zeit für Beziehungspflege – sprich: für das Gebet – hat?

Frage 510: Ist es möglich, immer zu beten?

Frage 499: Wann soll man beten?

> Man soll sich häufiger an Gott erinnern, als man atmet.
>
> **Gregor von Nazianz** (ca. 329–390)

1 Thess 5,17–18

Im YOUCAT heißt es in der Antwort zu Frage 499: „Wer nicht regelmäßig betet, wird bald gar nicht mehr beten." In der Heiligen Schrift empfiehlt Paulus sogar: „Betet ohne Unterlass!" (1 Thess, 5,17) In der Folge ist freilich nicht die Rede davon, dass wir uns nun vom Morgen bis in die Nacht in Bitte-bitte-lieber-Gott-Rufen ergehen sollen. Wir dürfen wahrhaft aus unserer Not zu Gott schreien, aber es gibt eine Sorte Beten, die noch fundamentaler ist: „Dankt für alles; denn das ist der Wille Gottes für euch in Christus Jesus." (1 Thess 5,18)

Frage 488: Warum sollen wir Gott danken?

Wichtiger also, als Gott (in Lebensgefahr, bei Klassenarbeiten und wenn man mal wieder beruflich voll abgelost hat) mit Bittgebeten zu bestürmen, ist es

T heißt es in der Antwort zu Frage 499: „Wer
lmäßig betet, wird bald gar nicht mehr beten."
ligen Schrift empfiehlt Paulus sogar: „Betet
rlass!" (1 Thess, 5,17) In der Folge ist freilich
ede davon, dass wir uns nun vom Morgen bis
ht in Bitte-bitte-lieber-Gott-Rufen ergehen
dürfen wahrhaft aus unserer Not zu Gott
aber es gibt eine Sorte Beten, die noch fun-
r ist: „Dankt für alles; denn das ist der Wille
euch in Christus Jesus." (1 Thess 5,18)

lso, als Gott (in Lebensgefahr, bei Klassen-
nd wenn man mal wieder beruflich voll
at) mit Bittgebeten zu bestürmen, ist es

EINHEIT 23 GLAUBENSKURS

Wie kann man beten lernen?

HIER GEHT ES UM

die beruhigende Nachricht,
dass man außer einer verrückten Erwartung
nichts haben muss,
um zu Gott vorzustoßen.
Was ER will, ist Vertrauen, Nähe,
Liebe, Beziehung ...

Wie kann man Tango lernen? Indem man Tangoschritte mit einem erfahrenen Tangotänzer einübt. Wie kann man Autofahren lernen? Indem man sich einem guten Fahrlehrer anvertraut und heimlich auf dem Parkplatz übt. Wie kann man beten lernen? Manche berichten von einem autodidaktischen Weg. Es gibt ja das berühmte Sprichwort „Not lehrt beten." Jemand, der während des Zweiten Weltkrieges Nächte in Luftschutzkellern erlebt hat, versicherte mir einmal: „Glaub mir, da war auch nicht ein Einziger, der dort nicht gebetet hätte!" Aber offenkundig hielt die Lektion nicht lange vor. Nach dem Krieg kam das Wirtschaftswunder – und viele, die mit dem Leben davongekommen waren, schienen schnell vergessen zu haben, dass sie den allmächtigen Gott auf Knien um Errettung aus höchster Not angefleht hatten. Kann ja auch „Zufall" gewesen sein, sagte man sich, dass die Bomben nur im Nachbarhaus einschlugen.

Frage 486: Warum sollen wir Gott bitten?

Wenn man autodidaktisch lernt, gewöhnt man sich manches Falsche an. Man könnte Gott zum Beispiel mit einem Notfallschalter verwechseln: Schlagen Sie im Notfall die Scheibe ein! Man möchte mit Gott so viel zu tun haben wie mit der Notaufnahme im Krankenhaus. Toll, dass es so etwas gibt, aber besser, man braucht sie nicht. Besser, man kommt ohne Gott durch's Leben. Wirklich? In der Vergrößerung sieht man, wie schräg das ist. Mutter Teresa erinnerte ihre Schwestern immer wieder daran, dass Gott nichts mehr als unsere Liebe erhofft: „Nicht nur, dass er euch liebt, sondern mehr noch, dass er sich brennend nach euch sehnt. Ihr fehlt ihm, wenn ihr euch ihm nicht nähert. Er liebt euch ständig, auch wenn ihr euch dessen nicht würdig fühlt. Wenn ihr von den anderen nicht angenommen werdet

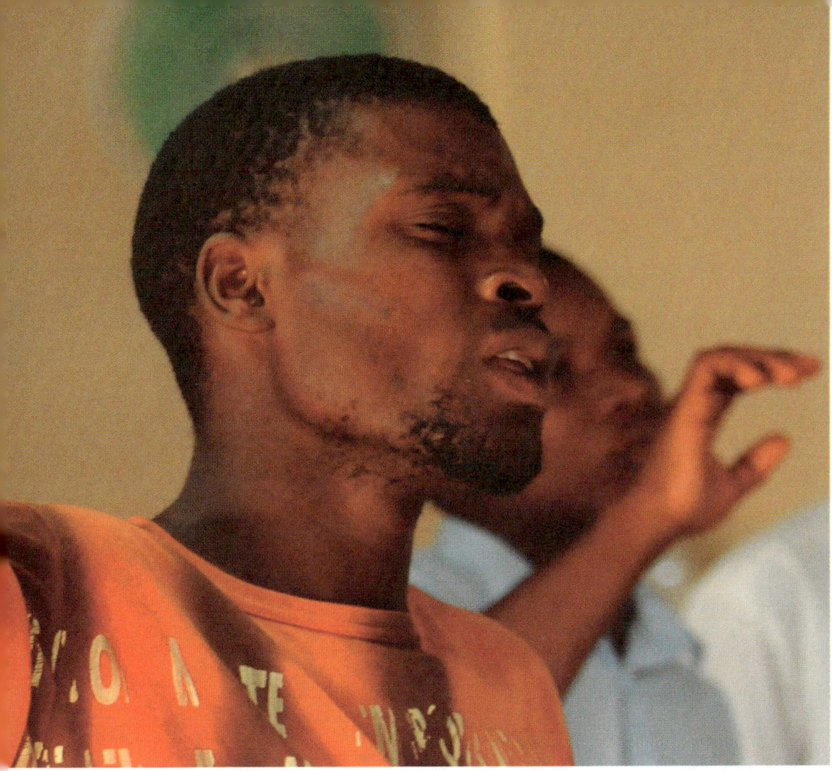

offenkundig, in eine permanente Grundhaltung der Dankbarkeit zu kommen. Und keinen Augenblick aus dem großen Dank herauszufallen. Auch das kann man autodidaktisch lernen, indem man mit offenen Augen durch die Welt geht und sich angewöhnt, sein Staunen über die herrliche Natur an den Urheber zu adressieren. „Mein Gott", heißt es in Psalm 8, „wie groß bist du! HERR, unser Herr, wie gewaltig ist dein Name auf der ganzen Erde. Seh ich deine Himmel, die Werke deiner Finger, Mond und Sterne, die du befestigt: Was ist der Mensch, dass du seiner gedenkst, des Menschen Kind, dass du dich seiner annimmst? Du hast ihn nur wenig geringer gemacht als Gott, du hast ihn gekrönt mit Pracht und Herrlichkeit. Alles hast du gelegt unter seine Füße: Schafe und Rinder, sie alle und auch die wilden Tiere, die Vögel des Himmels und die Fische im Meer, was auf den Pfaden der Meere dahinzieht. HERR, unser Herr, wie gewaltig ist dein Name auf der ganzen Erde!"

Y **Frage 473:** Welche Bedeutung haben die Psalmen für unser Beten?

B **Psalm 8**

3.8: Wie kann ich mit einem Bibeltext beten?

EINHEIT 24 GLAUBENSKURS

Was ist Anbetung?

HIER GEHT ES DARUM,
dass Menschen vor nichts
und niemandem in die Knie gehen dürfen,
als vor dem lebendigen Gott.
Wenn man ihn allerdings gefunden hat,
sollte man nicht nur in Gedanken,
sondern auch mit dem Körper
auf die Knie gehen.

> Der Mensch kann nicht bestehen, ohne etwas anzubeten.

Fjodor M. Dostojewski (1821–1881)

Frage 293: Wozu hat uns Gott Leidenschaften gegeben?

Frage 299: Was versteht man unter einer „Tugend“?

Was haben Mutter Teresa und Miley Cyrus gemeinsam? Die meisten werden sagen: nicht viel. Miley sieht zweifellos besser aus. Aber Mutter Teresa hat mehr für die Armen getan. Doch was haben sie gemeinsam? Gemeinsam haben sie Leidenschaft. Und gemeinsam haben sie es mit der Anbetung. Mutter Teresa warb, wo sie ging und stand, für die Anbetung: „Wenn du wirklich in der Liebe wachsen willst, kehre zurück zur Anbetung.“ Von Miley gibt es ebenfalls Lieder zum Thema, beispielsweise den Song „I adore you“. Anbetung ist in der Tat ein leidenschaftliches Wort. Es hat etwas von absoluter, verrückter Unterwerfung. Nun gut: Miley muss ihr wildes Image bedienen; sie braucht das Provokante. Zum Beispiel hat sie sich auf offener Bühne einen Joint angesteckt. Und so haut sie diesen Song raus: *„When you say you love*

me / Know I love you more / And when you say you need me / Know I need you more / Boy, I adore you / I adore you." Ob sie das ernst meint? Wer sich einem anderen Menschen unterwirft, beweist zwar scheinbar Megaliebe. Gleichzeitig macht er sich klein: Du kannst mit mir machen, was du willst! Der Anbeter gibt seine Würde und seinen Willen auf. Pragmatisch gesehen muss er damit rechnen, dass er eines Tages vom Objekt seiner Anbetung einen Fußtritt bekommt und wie ein Stück Dreck weggekickt wird. Das amerikanische Showbusiness liefert täglich Trash dieser Sorte: drei Monate Anbetung, dann Trennung über WhatsApp, Tränen, Drama, Weltuntergang, neue ewige Liebe usw. Bei Mutter Teresa und ihren Schwestern kann man sicher sein, dass ihre Anbetung keinem Sixpack-Schönling galt und gilt. Wenn Mutter Teresa sagte: „I adore you", meinte sie immer Gott.

Aber darf man sich denn absolut unterwerfen? Darf man sich so erniedrigen? Ist es menschlich erlaubt, sich ganz klein zu machen und den anderen ganz groß? Darf man sich vor jemandem hinwerfen, selbst wenn dieser „Jemand" Gott ist? Die Antwort lautet: Man darf sich vor nichts und niemandem in der Welt niederwerfen; es gibt nichts Anbetungswürdiges in der Welt. Unterwerfen darf man sich nur dem wahren Gott. Sich irgendeinem Nichtgott durch Anbetung zu unterwerfen – dafür haben wir das Wort Götzendienst. Und nun dreht sich das Ding: Wenn du den wahren Gott erkennst, darfst du dich nicht nur unterwerfen – du wirst dich unterwerfen. Dann stimmt es: Gott ist alles. Du bist nichts. „Was hast du, das du nicht empfangen hättest?", fragt Paulus in 1 Kor 4,7. Pater Hans Buob hat

> Beten, darunter verstehe ich nicht das Aufsagen von auswendig gelernten Gebeten, sondern die einfache Anbetung mit oder ohne Worte; zu Füßen Gottes verharren im Willen, in der Absicht, ihn anzubeten.
>
> **Sel. Charles de Foucauld** (1858–1916)

Y **Frage 485:** Warum sollen wir Gott anbeten?

B **1 Kor 4,7**

Frage 355: Was bedeutet „Du sollst keine anderen Götter neben mir haben"?

einmal gesagt: „Aus uns haben wir nur unsere Sünde." Sonst haben wir alles von Gott. Es ist der Grundakt des christlichen Glaubens, sich dem wahren Gott zu unterwerfen. Anbetung ist so gesehen das Gebet vor allen Gebeten. Aber dieses Gebet setzt voraus, dass man nicht in die Hände eines Pseudogottes fällt.

> Wo Gott groß wird, wird der Mensch nicht klein: Da wird auch der Mensch groß, und die Welt wird hell.
>
> **Papst Benedikt XVI.,** 11.09.06

Frage 493: Was sind die Kennzeichen eines christlichen Gebetes?

Frage 496: Wozu brauchen wir, wenn wir beten, den Heiligen Geist?

Woher wusste nun Mutter Teresa, dass sie für die Anbetung des wahren Gottes warb? Es gibt ja nun wahrhaft Religionen in der Welt, deren Gott ich nicht geschenkt haben möchte. Ein Gott, der nicht zu allen gut ist, sondern bestimmte Völker bevorzugt und andere nicht riechen kann – das ist allenfalls eine Karikatur von Gott, nicht wert, dass man auch nur einen Augenblick hinschaut. Mutter Teresa ging vor einem Gott in die Knie, der in Jesus Christus unvorstellbar menschlich wurde: „Er war Gott gleich, hielt aber nicht daran fest, Gott gleich zu sein, sondern er entäußerte sich und wurde wie ein Sklave und den Menschen gleich. Sein Leben war das eines Menschen; er erniedrigte sich und war gehorsam bis zum Tod, bis zum Tod am Kreuz." (Phil 2,6–8) Kein dominanter Weltbeherrscher, ein demütiger, unendlich liebenswerter Weltbediener!

Phil 2,6–8

Und dann entdeckte sie dieses kleine Stück Brot in der Monstranz: Leib Christi, heute da, heute essbar, heute sichtbar, Gottes Gegenwart in nächster Nähe. „Ich bin das Brot des Lebens; wer zu mir kommt, wird nie mehr hungern, und wer an mich glaubt, wird nie mehr Durst haben." (Joh 6,35) Mutter Teresa erfüllte das mit Jubel: „Er ist wirklich persönlich da und wartet nur auf dich." Fortan verbrachte sie ihre „Freizeit" am

Joh 6,35

» Ich sehe dich mit Freuden an und kann mich nicht sattsehen; und weil ich nun nichts weiter kann, bleib ich anbetend stehen. O dass mein Sinn ein Abgrund wär und meine Seel' ein weites Meer, dass ich dich möchte fassen.

Paul Gerhardt (1607–1676)

liebsten vor Gott. Und sie spürte, dass die göttliche Gegenwart ausstrahlte, dass man wirklich empfing durch Anbetung. „Als wir mit der täglichen Anbetung begannen, wurde unsere Liebe zu Christus viel intimer, unsere Liebe zueinander verständnisvoller, unsere Liebe zu den Armen mitleidvoller und die Anzahl der Berufungen hat sich verdoppelt. Gott hat uns mit vielen wunderbaren Berufungen gesegnet. Die Zeit, die wir in unserer täglichen Audienz mit Gott verbringen, ist der wertvollste Teil des ganzen Tages."

Y **Frage 218:** Wie sollen wir den in Brot und Wein gegenwärtigen Herrn richtig verehren?

3.14: Wie verbringe ich die Zeit der Anbetung?

EINHEIT 25 GLAUBENSKURS

Wie lehrt uns Jesus beten?

Hier geht es darum,
dass unser menschliches Beten
bei Jesus in die Schule
gehen muss. Das Vaterunser beten heißt
in den Worten Jesu gehen,
als gingen wir in seinen Schuhen
einen unfehlbaren Weg
in das Herz aller Dinge.

Frage 473: Welche Bedeutung haben die Psalmen für unser Beten?

Beten muss man lernen, das wussten schon die Jünger Jesu. Im Judentum wurde immer gebetet, sogar höchst intensiv und schön. Das beweisen allein schon die Psalmen – kraftvolle Texte, die noch heute Tag für Tag von Millionen von Menschen in aller Welt gesprochen werden. Aber die Schulung, die den Jüngern in ihrer Kindheit, in der Synagoge, im Elternhaus oder bei einem Rabbi zuteilwurde, reichte ihnen nicht. Für sie war Jesus der Spezialist in Sachen Gott und die Nummer eins in Beten. Sie sahen nicht nur, wie er sich immer wieder in die Einsamkeit zurückzog, um zu beten. Sie spürten, dass er permanent „in Beziehung" war und dass sein Innenleben immer in einer Art Funkverbindung stand. Manchmal, so berichten die Evangelisten, holten die Jünger Jesus aus dem Gebet heraus. Vielleicht haben sie bei einer solchen Gelegenheit Dialogfetzen mitbekommen, wie sie etwa der Evangelist Lukas aus der Ölbergszene berichtet: „Vater, wenn du willst, nimm diesen Kelch von mir! Aber nicht mein, sondern dein Wille soll geschehen." (Lk 22,42)

Frage 475: Wie betete Jesus?

Frage 476: Wie betete Jesus im Angesicht seines Todes?

Lk 22,42

Gott hört nie auf, der Vater seiner Kinder zu sein. **Hl. Antonius von Padua** (1193–1231)

In Momenten wie diesen mussten die Jünger wahrnehmen, wie intensiv der Draht Jesu nach oben war. Ihr Herr und Meister rang geradezu mit seinem Gott: „Und er betete in seiner Angst noch inständiger und sein Schweiß war wie Blut, das auf die Erde tropf-

Frage 477: Was heißt von Jesus beten lernen?

te.“ (Lk 22,43) Und so wandten sich die Jünger eines Tages an Jesus, als er „das Gebet beendet hatte.“ Sie sagten zu ihm: „Herr, lehre uns beten, wie auch Johannes seine Jünger beten gelehrt hat!“ (Lk 11,1)

Lk 22,43

Lk 11,1

Welche Tricks und Tipps hatte Jesus drauf? Wie funktionierte das? Wie oft am Tag? Sollte man vielleicht raus in die Wüste gehen, sich auf den Boden werfen? Die Hände zum Himmel erheben? Oder wie? Jesus blieb ihnen darauf eine Antwort schuldig. Jedenfalls berichtet sie uns die Bibel nicht. Stattdessen gab er den Jüngern (und damit uns) ein Mustergebet. Wir kennen es alle: das Vaterunser. Wir können sicher sein: Dieses Vaterunser beten heißt in den Worten Jesu gehen, als gingen wir in seinen Schuhen einen unfehlbaren Weg in das Herz aller Dinge.

Frage 474: Wie lernte Jesus beten?

Wohin führt uns nämlich das Vaterunser? Das erste Wort sagt es bereits: zu unserem Vater. Uns fällt darüber nichts mehr ein. Für jüdische Ohren war das anders. Gott galt als der Heilige, der Unnahbare, der Unaussprechliche. Jesus macht deutlich: Dieser erhabene Gott ist allgemein ansprechbar, und zwar mit einem menschlichen Urwort, mit dem Wort Vater. Dass Jesus zu Gott „Vater“ sagte, war den Jüngern sicher aufgefallen. Nun hatte ihr Herr ja auch eine einzigartige Sohn-Vater-Beziehung zu Gott.

Frage 514: Welchen Rang unter den Gebeten nimmt das Vaterunser ein?

Frage 515: Woher nehmen wir das Vertrauen, Gott Vater zu nennen?

Lk 15,11–32

Aber nun ermutigte Jesus *alle* zum Vatersagen. Er demokratisierte seine Gottesanrede. Das war unerhört. Jesus rückte den Beter so nah wie nie zuvor an Gott. Sich vorzustellen, „der da oben" sei wie der barmherzige Vater im Gleichnis vom verlorenen Sohn (Lk 15,11–32) – das war geradezu ein religiöser Umsturz. Das Vaterunser hat das Gottesverhältnis der Menschheit revolutioniert. Der einst so ferne Gott ist nun einer, zu dem man Du sagen darf. Gott ist der, zu dem man aus allen Katastrophen und Abstürzen seines Lebens heimkehren kann – und man findet offene Arme. Das Mastkalb wird geschlachtet. Ein Fest steht an.

> Lehre mich dir dienen, wie du es verdienst: geben, ohne zu zählen, kämpfen, ohne auf meine Wunden zu achten … mich einsetzen, ohne einen anderen Lohn zu erwarten als das Bewusstsein, deinen heiligen Willen erfüllt zu haben.

Hl. Ignatius von Loyola (1491–1556)

1 Sam 3,9

Dtn 6,4

Nach der Anrede „Vater" gibt es einen zweiten Fokus, der das Herrengebet durchwaltet: „Dein Wille geschehe!" Jesus greift die prägende Erfahrung des Volkes Israel auf: dass Gott spricht, dass er ruft und dass alles darauf ankommt, dass man dieses Rufen erkennt und ihm in grenzenlosem Vertrauen folgt. So tat es Abraham, so machte es Isaak, so Jakob, so die Propheten: „Rede, HERR, dein Diener hört" (1 Sam 3,9). Das Volk Israel steht noch heute unter der Formel „Höre, Israel! Der HERR, unser Gott, der HERR ist einzig." (Dtn 6,4) Was ist sein Wille? Das Vaterunser beten ist eine lebenslange Übung in der Kunst, unser Ding zu lassen und Gottes Ding mit Leidenschaft zu betreiben. Charles de Foucauld, einer der größten geist-

lichen Lehrer im 20. Jahrhundert, hat sich tief in das Vaterunser eingefühlt und wunderbar weitergebetet: „Mein Vater, ich überlasse mich dir. Mach mit mir, was du willst. Was du auch mit mir tun magst, ich danke dir. Zu allem bin ich bereit, alles nehme ich an. Wenn nur dein Wille sich an mir erfüllt und an allen deinen Geschöpfen, so ersehne ich weiter nichts, mein Gott. In deine Hände lege ich meine Seele, ich gebe sie dir, mein Gott, mit der ganzen Liebe meines Herzens, weil ich dich liebe und weil diese Liebe mich treibt, mich dir hinzugeben, mich in deine Hände zu legen, ohne Maß, mit einem grenzenlosen Vertrauen – denn du bist mein Vater."

Y **Frage 521:** Was bedeutet: „Dein Wille geschehe"?

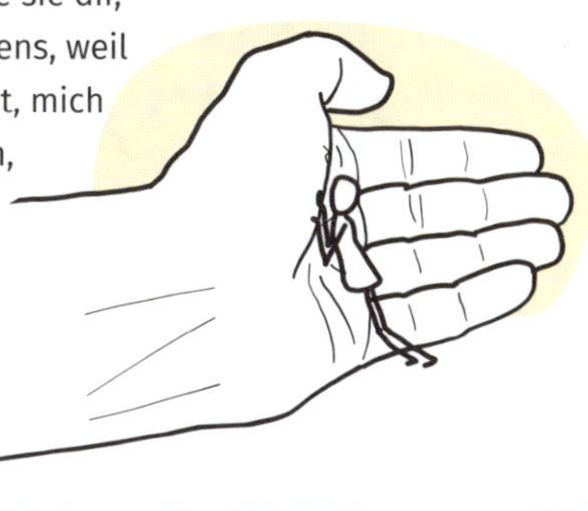

EINHEIT 26 GLAUBENSKURS

Wie sagen wir Ja zu Gott?

Hier geht es um

den Ausstieg aus einem
Christentum der leeren Worte.
Und den Einstieg in ein Christentum der Verbindlichkeit.
Es kostet dich möglicherweise deine Karriere,
deine Freunde, deinen guten Ruf.
Aber du gewinnst das Leben.
Aus einer flüchtigen Begegnung mit Gott
wird eine große Geschichte.

Frage 165: Warum sagen wir „Amen" zum Bekenntnis unseres Glaubens?

Eine Menge Leute regen sich auf, dass sie in der Kirche immer wieder aufgefordert werden, zu Inhalten „Ja" zu sagen, über die sie nie genau nachgedacht haben. Glaubst du an Gott? Wer kann das schon so genau sagen? ... Vielleicht, in guten Momenten oder wenn's mir ganz dreckig geht. Widersagst du dem Satan? Uff! ... Seid ihr bereit, die Kinder, die euch Gott schenken will, im Glauben zu erziehen? Man sagt dann Ja und Amen, möchte ja kein Spielverderber sein. Der Pfarrer fragt schon nicht genauer nach.

Anders hat es Jesus gemacht. Das 6. Kapitel im Johannesevangelium ist *hard stuff*. Stellt sich ein bis dato nicht weiter hervorgetretener Bauhandwerker aus Nazareth hin: „Ich bin das Brot des Lebens; wer zu mir kommt, wird nie mehr hungern, und wer an mich glaubt, wird nie mehr Durst haben." (Joh 6,35) Nicht nur die Pharisäer sind außer sich – auch die Freunde stehen ratlos da. Musste das sein: „Diese Rede ist hart. Wer kann sie hören?" (Joh 6,60) Einige gehen,

Joh 6,35

Joh 6,60

desillusioniert. Jesus konfrontiert die anderen, die bleiben: „Wollt auch ihr gehen?" Es ist dieser Moment, in dem Petrus sagt: „Herr, zu wem sollen wir gehen? Du hast Worte des ewigen Lebens." (Joh 6,68)

Joh 6,68

Einigen wird Petrus aus dem Herzen gesprochen haben. Sie werden „Amen" gerufen haben. 152-mal kommt dieses Wort allein im Neuen Testament vor. Es ist eine Bekräftigungsformel. Jesus benutzt sie, wenn er etwas ganz Wichtiges mitzuteilen hat: „Amen, Amen, ich sage euch: Wenn jemand an meinem Wort festhält, wird er auf ewig den Tod nicht schauen!" Wenn die Zuhörer Amen sagen, heißt es so viel wie: Genau! Hundertprozent richtig! Prima! Ganz meine Meinung! Seit den Zeiten Jesu ist das „Amen" inflationär gesprochen worden. Praktisch kein Gebet endet, ohne dass alle sagen: „Amen!" Wie oft ist das wohl mit halbem Herzen und leerem Kopf dahingesagt worden? Wir haben allen Grund, aus dieser Leerformel wieder einen Akt der Hingabe zu machen: Ja, Herr, ich glaube dir. Amen! Ja, Herr, du hast Worte des ewigen Lebens. Amen.

Frage 527: Warum beenden wir das Vaterunser mit „Amen"?

Dass Jesus Hören und Gehorsam einfordert, mag noch hingehen. Ein katholischer Christ hört aber nicht nur auf Jesus – er hört auch auf die Kirche, die ihm Jesus in Wort und Sakrament nahebringt. Jesus selbst hat seine Autorität auf die Kirche übertragen, die im Heiligen Geist lehren, verkündigen und das Amen einfordern soll: „Wer euch hört, der hört mich, und wer euch ablehnt, der lehnt mich ab; wer aber mich ablehnt, der lehnt den ab, der mich gesandt hat." (Lk 10,16) Das Lied „Fest soll mein Taufbund immer stehen, ich will die Kirche hören ..." versteckt man heute gerne, obwohl es theologisch die Sache exakt auf den Punkt

Frage 24: Was hat mein Glaube mit der Kirche zu tun?

Lk 10,16

bringt. Aber die Wahrheit ist nun einmal konkret – und wenn ein katholischer Christ heute sagt: „Auf Jesus höre ich gerne, aber die Kirche kann mir mit ihren Lehren gestohlen bleiben", so nimmt er auch Jesus nicht ernst.

4.17: Wie wird man ein Heiliger?

Frage 84: War Maria nur ein Werkzeug Gottes?

Freilich lebt die Kirche weniger vom harten Gehorsam als von einer viel intimeren Zustimmung zu Gott, wie der Zustimmung einer jungen Frau. Früher sagte man mit raunender Bewunderung: „Sie sprach ihr Fiat." Die Leute mussten nicht befürchten, dass jemand an eine italienische Automarke gleichen Namens denken würde. Sie kannten alle die Geschichte des vielleicht 15 oder 16 Jahre alten Mädchens aus Nazareth, das Besuch von einem göttlichen Engel bekam, der einen ganz unmöglichen Antrag überbrachte. Die junge Frau sollte Mutter eines göttlichen Kindes werden, dazu ganz ohne Mithilfe eines Mannes. Wir sprechen von Maria und der Glaubenstatsache, dass Gott nur zur Welt kommen konnte, weil es da dieses Amen, diese Zustimmung, dieses Okay der Maria gab. Fiat ist lateinisch und bedeutet: „So soll es geschehen!" Durch das Amen wird aus einem unbestimmten Für-wahr-Halten Hingabe. Hingabe, die antwortet auf die Hingabe Jesu, der selbst „Ja" sagte zum Gang ans Kreuz.

Die Märtyrer der frühen Kirche sind für ihren Glauben an den Gott gestorben, der sich in Jesus Christus offenbart hatte, und damit sind sie auch für die Gewissensfreiheit und für die Freiheit, den eigenen Glauben zu bekennen, gestorben – für ein Bekenntnis, das von keinem Staat aufgezwungen werden kann, sondern das man sich nur durch die Gnade Gottes in der Freiheit des eigenen Gewissens zu eigen machen kann.

Papst Benedikt XVI.

„Lebe so, dass du morgen als Märtyrer sterben kannst.

Sel. Charles de Foucauld (1858–1916)

Maria ist gewissermaßen das Rolemodel des Glaubens. Sie gibt Gott Raum in sich, bringt Gott zur Welt. In ihrem eigenen Fleisch nimmt Gott von Gott, der wahre Gott vom wahren Gott Fleisch an. Und sie bezeugt und besingt: „Der Mächtige hat Großes an mir getan." Maria ist die erste Zeugin Jesu. Fortan ist der ein Christ, der ein Zeuge Jesu ist. Das griechische Wort für Zeugnis heißt Martyria. Der Zeuge ist also der „Märtyrer". Ein Mensch, der für Jesus und die Wahrheit des Evangeliums notfalls in den Tod geht.

Y **Frage 82:** Ist es nicht anstößig, Maria „Mutter" Gottes zu nennen?

Im Februar 2015 veröffentlichte der IS ein Propagandavideo. IS-Schergen hatten eine Gruppe von Christen an einen Strand in Libyen verschleppt, um ihnen dort vor laufender Kamera die Kehle durchzuschneiden. Mit dem Video wollte man „eine in Blut geschriebene Nachricht an die Nation des Kreuzes" verbreiten. Auf dem Video hört man deutlich zwei Worte: „Jarap Jesoa" – Herr Jesus!

Y **Frage 454:** Wie stark verpflichtet die Wahrheit des Glaubens?

Vom Glaubenskurs zum Study Guide

Sie haben hier

wesentliche **Themen des Glaubens** kennengelernt. Immer wieder wurden Sie eingeladen, **Katechismusfragen** im YOUCAT aufzusuchen, um den Glauben der Katholischen Kirche noch besser zu verstehen. Nun haben Sie eine Gruppe oder einen Freundeskreis und möchten gemeinsam etwas tun, um miteinander neue Freude am Glauben zu bekommen. Warum nicht zu einem regelmäßigen **Glaubensgespräch** einladen?

Wie man's macht

Kompliziert? Nein, ganz einfach! Hierfür wurde nämlich der **YOUCAT Study Guide** entwickelt, den man sich kostenlos downloaden kann. Der YOUCAT Study Guide hat 26 Teile wie der Glaubenskurs: Zu jedem Glaubenskurs-Thema gibt es parallel den passenden Study Guide. Der Study Guide hat immer die gleiche Struktur.

Fünf Elemente

- Gebet
- Bibel
- YOUCAT-Frage
- Diskussionsfragen
- Eine Challenge (= herausfordernde Aufgabe)

Fünf Vorteile

- Keinerlei Vorbereitung nötig
- Keine weiteren Medien erforderlich
- Erprobte Modelle für die Gruppenarbeit
- Raum für Eigeninitiative
- Die ideale Eröffnung für das Glaubensgespräch

Der Glaubenskurs gibt dem Leiter einer Gruppe den Horizont für das Gespräch. Aber es geht auch anders herum: Teilnehmer der Gruppe können ihn zur Vertiefung lesen.

Das Ziel von allem:

Überzeugungen gewinnen, die uns in unserer Identität als katholische Christen bestärken und die uns sicher machen in der Weitergabe des Glaubens.

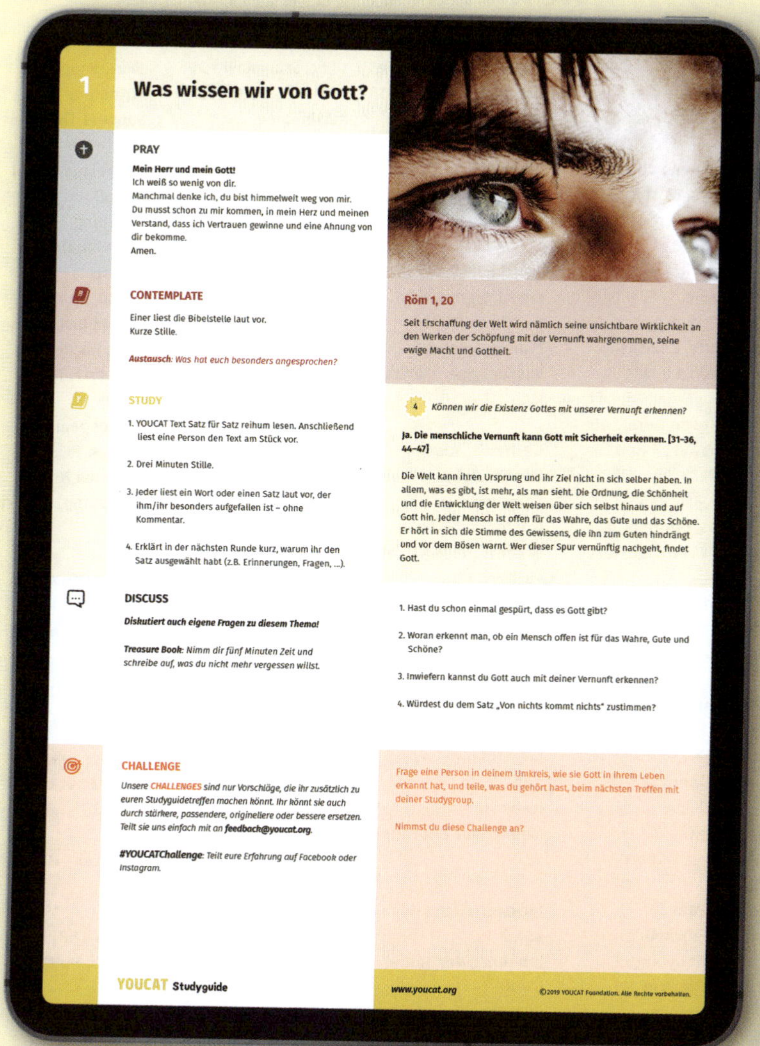

1

Was wissen wir von Gott?

PRAY

Mein Herr und mein Gott!
Ich weiß so wenig von dir.
Manchmal denke ich, du bist himmelweit weg von mir.
Du musst schon zu mir kommen, in mein Herz und meinen Verstand, dass ich Vertrauen gewinne und eine Ahnung von dir bekomme.
Amen.

CONTEMPLATE

Einer liest die Bibelstelle laut vor.
Kurze Stille.

***Austausch**: Was hat euch besonders angesprochen?*

Röm 1, 20

Seit Erschaffung der Welt wird nämlich seine unsichtbare Wirklichkeit an den Werken der Schöpfung mit der Vernunft wahrgenommen, seine ewige Macht und Gottheit.

STUDY

1. YOUCAT Text Satz für Satz reihum lesen. Anschließend liest eine Person den Text am Stück vor.
2. Drei Minuten Stille.
3. Jeder liest ein Wort oder einen Satz laut vor, der ihm/ihr besonders aufgefallen ist – ohne Kommentar.
4. Erklärt in der nächsten Runde kurz, warum ihr den Satz ausgewählt habt (z.B. Erinnerungen, Fragen, ...).

4 *Können wir die Existenz Gottes mit unserer Vernunft erkennen?*

Ja. Die menschliche Vernunft kann Gott mit Sicherheit erkennen. [31-36, 44-47]

Die Welt kann ihren Ursprung und ihr Ziel nicht in sich selber haben. In allem, was es gibt, ist mehr, als man sieht. Die Ordnung, die Schönheit und die Entwicklung der Welt weisen über sich selbst hinaus und auf Gott hin. Jeder Mensch ist offen für das Wahre, das Gute und das Schöne. Er hört in sich die Stimme des Gewissens, die ihn zum Guten hindrängt und vor dem Bösen warnt. Wer dieser Spur vernünftig nachgeht, findet Gott.

DISCUSS

Diskutiert auch eigene Fragen zu diesem Thema!

***Treasure Book**: Nimm dir fünf Minuten Zeit und schreibe auf, was du nicht mehr vergessen willst.*

1. Hast du schon einmal gespürt, dass es Gott gibt?
2. Woran erkennt man, ob ein Mensch offen ist für das Wahre, Gute und Schöne?
3. Inwiefern kannst du Gott auch mit deiner Vernunft erkennen?
4. Würdest du dem Satz „Von nichts kommt nichts" zustimmen?

CHALLENGE

*Unsere **CHALLENGES** sind nur Vorschläge, die ihr zusätzlich zu euren Studyguidetreffen machen könnt. Ihr könnt sie auch durch stärkere, passendere, originellere oder bessere ersetzen. Teilt sie uns einfach mit an **feedback@youcat.org**.*

***#YOUCATChallenge**: Teilt eure Erfahrung auf Facebook oder Instagram.*

Frage eine Person in deinem Umkreis, wie sie Gott in ihrem Leben erkannt hat, und teile, was du gehört hast, beim nächsten Treffen mit deiner Studygroup.

Nimmst du diese Challenge an?

YOUCAT Studyguide

www.youcat.org

Namensverzeichnis

Stichwortverzeichnis

Verzeichnis aller Fragen aus dem YOUCAT

Gott und Mensch in Beziehung

Sakramente

Christliche Gesellschaftslehre

Verzeichnis aller Bibelstellen

Bildnachweis

Benedikt XVI./kathpedia S. 20; Maria Boeselager/Kommende junger Malteser S. 93; Jeremy Bishop in unsplash.com S. 66; Caecilia Engels S. 10; flickr.com S. 95; Lachlan Hardy/flickr.com S. 131; Heinrich Hoffmann Getsemane/pinterest S. 158; Jeronimo Lauricio/YOUCAT Brasil S. 20; Alexander von Lengerke S. 26, 84; Peter von Lengerke S. 118; L'Osservatore Romano S. 72; Oreste Schaller/Libanon on Stage S. 106; Lukas Schlichtebrede S. 100; Nightfever Deutschland (www.night-fever.org) S. 152; http://questionsessentiellescolombes.overblog.com/2015/11/raisons-de-venir-a-persecutes-pour-sa-foi-partir-ou-mourir.html S. 169; Thomas Obermeier in Kunstsammlungen der Diözese Würzburg, 2019 86; Pixabay 13, 24, 40, 104, 115, 116, 122, 134, 139, 144, 150–151; pexels.com 16, 19, 22, 62, 101, 113, 133, 163; picture alliance/akg-images S. 65; Platytera, Griechisch-Orthodoxe Kirche (Alte Schule 3, 51645 Gummersbach, Deutschland, Ikonenmaler: Konstantinos Chondroudis) S. 54; Sven-Sebastian Sajak, Wikimedia Commons, Creative Commons-Lizenz by-sa.4.0 S. 118; Luc Serafin S. 19, 50, 52, 55, 59, 89, 164; Virginia State Parks/flickr.com S. 98; Wikimedia Commons (lizenzfrei) 12, 13, 15, 18, 21, 27, 30, 31, 34, 37, 38, 42, 45, 46, 48, 56, 57, 60, 63, 68,71, 75, 77, 80, 82–83, 87, 90, 103, 110, 117, 121, 128, 132, 143, 154, 160, 165, 168; Constanze Wilz S. 94; Katharina Wollkopf S. 108; Worship1/maxpixel.de S. 148; YOUCAT Foundation S. 32

Impressum

Bibliografische Information der Deutschen Nationalbibliothek

Die Deutsche Nationalbibliothek verzeichnet diese Publikation in der Deutschen Nationalbibliografie; detaillierte bibliografische Daten sind im Internet über https://dnb.de abrufbar.

Idee und Text: Bernhard Meuser

Redaktionelle Assistenz: Claudia Weiß

2., unveränderte Auflage 2023

www.youcat.org

Alleiniger Gesellschafter der YOUCAT Foundation ist das Päpstliche Hilfswerk ACN mit Sitz in Königstein im Taunus. Alle Rechte vorbehalten. Die Verwendung der Marke YOUCAT erfolgt mit Zustimmung der YOUCAT Foundation. YOUCAT® ist eine international geschützte Wort- und Bildmarke. Eingetragen unter GM: 011929131.

Umschlaggestaltung, Layout, Illustrationen und Satz: Alexander von Lengerke, Köln

Gedruckt auf 90 g/qm Amber Graphic matt weiß Offset (FSC)
Produktionskoordination: Druckmedien • Scantech GmbH, Speyer
Druck und Bindung: FINIDR, s.r.o Tschechien
ISBN: 978-3-945148-29-7
Printed in Czech Republic

Die YOUCAT Foundation gemeinnützige GmbH fördert durch ausgeschüttete Gewinne der Verlagsarbeit und eingegangene Spenden weltweit Projekte der Neuevangelisierung, in denen junge Menschen ermutigt werden, den katholischen Glauben als Grundlage für ihr Leben zu entdecken. Sie können die Arbeit der YOUCAT Foundation durch eine Spende unterstützen: Deutsche Bank AG, BLZ 720 700 24, Kto.-Nr.: 031 888 100, IBAN: DE13 7207 0024 0031 8881 00, BIC: DEUTDEDB720

Twittern mit GOTT oder **Tweeting with GOD (#TwGOD)** ist eine globale Multimedia-Initiative, die sehr gut zusammen mit YOUCAT benutzt werden kann. #TwGOD besteht aus einem Buch, einer App für Android und iOS, Handbüchern für Jugendleiter und einer Präsenz in den sozialen Medien. Auf Deutsch ist das Buch *Twittern mit GOTT. # Urknall, Gebet, Bibel, Sex, Kreuzzüge, Sünde, Karriere ...*, bei Herder erschienen. Mehr Information: **www.tweetingwithgod.com**